암호화폐, 블록체인 그리고 채굴(mining)

100년 만에
부富의 기회가 왔다

100년 만에
부富의 기회가 왔다

초판 1쇄 발행 2021년 10월 1일

지 은 이   김주상
발 행 인   권선복
편   집   유수정
디 자 인   김소영
전 자 책   오지영
마 케 팅   권보송
발 행 처   도서출판 행복에너지
출판등록   제315-2011-000035호
주   소   (157-010) 서울특별시 강서구 화곡로 232
전   화   0505-613-6133
팩   스   0303-0799-1560
홈페이지   www.happybook.or.kr
이 메 일   ksbdata@daum.net

값 20,000원

ISBN 979-11-5602-921-2 (13320)

Copyright ⓒ 김주상, 2021

도서출판 행복에너지는 독자 여러분의 아이디어와 원고 투고를 기다립니다. 책으로 만들기를 원하는 콘텐츠가 있으신 분은 이메일이나 홈페이지를 통해 간단한 기획서와 기획의도, 연락처 등을 보내주십시오. 행복에너지의 문은 언제나 활짝 열려 있습니다.

암호화폐, 블록체인 그리고 채굴(mining)

100년 만에
부富의 기회가 왔다

김주상 지음

도서
출판 행복에너지

머리말

변화 속에 부富의 기회가 있다. 농경사회에서 증기기관차를 중심으로 한 기계 활용 사회로의 1차 산업혁명, 전기와 에너지를 중심으로 대량생산을 추구하는 2차 산업혁명, 컴퓨터와 인터넷을 중심으로 지식정보화를 추구하는 3차 산업혁명, 그리고 이제 모든 아날로그를 디지털화하는 디지털트랜스포메이션Digital Transformation, 모든 데이터가 돈이 되는 빅데이터Big Data사회, 인공지능AI사회, 모든 것이 로봇화되는 자율주행시대, 소비자의 권익을 보호하는 탈중앙화 블록체인사회, 가상과 현실의 구분이 없어지는 초연결사회의 메타버스시대, 하나의 디지털 플랫폼이 1억의 일자리를 대신하는 시대, 전 세계가 하나의 경제로 움직이는 글로벌사회로 대 전환하는 4차 산업혁명을 맞이하고 있다.

100년 만에 오는 이 대변화 속에 우리가 부자가 될 수 있는 부富의 기회가 있다. 모든 것이 디지털화하는 이 시점에 화폐만이 아날로 그일 수는 없다. 아날로그 화폐(지폐, 동전)는 반드시 디지털(암호)화폐로 갈 수밖에 없을 것이다. 사람은 무한히 편함을 추구하고, 자유를 추구한다. 암호화폐야말로 편안함과 자유를 동시에 만족시켜 주는 화폐진화의 최종산물이다. 세계 어디든 국경 없이 실시간으로 사용할 수 있고, 무엇이든 다 결제할 수 있으며, 스마트 계약이 가능하고, 가상세계와 현실세계 모두에서 사용할 수 있고, 개인의 정보도 감시 없이 100% 보호될 수 있다.

시대는 사람의 성품(편리함, 자유)을 따라 변해 갈 것이다. 그 중심과 베이스에 디지털(암호)화폐가 있다. 시대의 흐름은 명확하다. 하지만 현실은 복잡하고 어수선하다. 역사적으로 봤을 때 변화에서 부를 얻는 최고의 기회는 항상, 방향은 분명한데 초기라서 인식부족으로 인해 어수선하고 불법이니 합법이니 하고 복잡한 상황 속에 가려져 있었다. 4,725배 주가가 상승한 아마존의 30년 전 모습이 그러했으며, 150배 주가가 상승한 카카오의 22년 전 모습이 그러했다. 우리 인생 최고의 기회는 항상 이렇게 왔다. 결단과 모험, 용기가 필요하다.

2009년 비트코인이 처음 출시되었을 때 그 값어치를 알아보지 못한 한 프로그래머는 10,000개의 비트코인을 피자 두 판과 바꾸었다. 비트코인 최고가로 환산해 보면 8,000억짜리 피자 두 판이었던 것이다. 우리도 지금은 어떻게 보일지 모르지만 현재의 우리 판단과 결정을 봤을 때 10년 후 쯤의 기회를 놓치는 것은 아닌지 생각해 봐야 한다.

100년 만에 온 이번 기회를 잘 잡고, 10년 정도 시간의 흐름을 기다린다면 엄청난 부자가 될 수 있을 것이다.

나는 일반인들이 엄청 어렵게 생각하는 암호화폐, 블록체인, 그리고 채굴에 관한 내용을 누구나 쉽게 이해할 수 있도록 그림, 도형, 핵심키워드로 정리하였다. 암호화폐의 탄생배경과 역사, 대표적인 암호화폐의 정리, 블록체인에 대한 이해와 응용, 채굴에 대한 이해와 현실적 접근, 그리고 암호화폐의 발전가능성 등도 여러 전문가의 의견을 참고하여 수록하였다.

아무쪼록 많은 사람들이 암호화폐에 대한 이해를 통해 반드시 올 수밖에 없는 변화의 중심 속에서, 부富의 기회를 잡으시기를 바랍니다.

2021. 09. 10.

저자 김주상

추천사

박봉규

(코리아씨이오서밋 이사장, 월드블록체인서밋 마블스 회장)

 4차산업혁명의 거대한 물결이 우리 주위에 몰려
오고 있습니다. 아주 거대한 파동을 일으키며 말이
지요. 그 파동의 중심에 블록체인과 비트코인이 있습니다. 그렇다
면 그것들은 무엇일까요. 블록체인은 비트코인이라는 암호화폐를
통해 구현된 '개념'입니다. 비트코인 투기 현상으로 인해 사람들에
게 '암호화폐의 기반 기술'로 블록체인이 알려졌지만, 사실 블록체
인은 금융거래는 물론 일상을 뒤바꿀 잠재력을 가지고 있습니다.

 블록체인에 관해 어려워하는 일반인들이 적지 않을 것입니다. 이
책은 그런 분들을 위해 씌어졌습니다. 복잡하고 어려운 단어 대신
일상의 이야기로 설명하기 때문입니다. 또한 암호화폐에 대한 배경
과 역사에 대해서도 설명함으로서 독자의 이해를 돕고 있습니다.
시대의 흐름을 쫓는 분, 암호화폐와 블록체인에 대해 이해하고 싶
은 분들에게 이 책이 도움이 될 것입니다. 지금 이 순간에도 부의 기
회는 지나가고 있을지도 모릅니다. 미래의 부는 비싼 자산을 누가
가지고 있느냐에 달려 있지 않습니다. 누가 시대의 흐름을 잘 읽고
적절한 타이밍을 빠르게 캐치하느냐에 달려 있습니다. 미래의 부를
성취하고 싶은 분들에게 일독을 권합니다.

이종호(국립공주대학교 전자상거래학 교수, 경영학박사)

이 책은, 4차 산업혁명이라는 높은 파고가 휘몰아치는 혼돈의 시대를 슬기롭게 극복할 수 있도록 방향을 제시해 주었다.

최원영(세광고등학교장)

"미래는 이미 와 있다. 단지 널리 퍼져 있지 않을 뿐이다."는 윌리엄 깁슨의 말처럼, 4차 산업혁명의 거대한 물결이 우리 주위에 몰려오고 있다. 100년 만에 오는 대변화(Great change)의 중심에 디지털화폐가 자리 잡고 있다. 작가는 블록체인 기술에 대한 상세하고도 쉬운 안내를 통해 암호화폐에 대한 이해를 도울 뿐 아니라, 미래의 부의 지도에 대한 나침반을 동시에 제공한다. 앞으로 펼쳐질 디지털화폐 생태계가 선명하게 조망되는 것은 이 분야에 대한 작가의 혜안과 통찰이 탄탄하게 뒷받침되어 있기 때문이다. 변화에 적응하는 자가 최후의 승자가 된다는 다윈의 주장을 빌리지 않아도, 변화의 흐름에 편승하지 않으면 생존의 절벽에 몰릴 수밖에 없다는 것이 냉엄한 역사의 현실이다. 작가가 책머리에 언급한 것처럼 변화 속에 부의 기회가 있다면, 이 책이 바로 새로운 기회를 조준하는 트리거가 될 것이다.

류정만(나비솔한방병원 대표원장)

김주상 대표의 출간을 진심으로 축하합니다. 김주상 대표는 소셜 미디어부터 시작하여 대한민국을 대표하는 대표적인 블록체인 전문가로 자리매김을 하고 있는 분이죠.

본 책을 통하여 많은 이들에게 부의 기회가 전달되기를 바랍니다. 혼돈의 가상화폐 시대에 이렇게 쉽고 이해하기 좋은 기회의 책을 만들어 준 김주상 대표에게 진심으로 감사말씀 드립니다.

조영구(방송인)

이 책은 화폐의 디지털 트랜스포메이션과 블록체인에 관하여 누구나 쉽게 이해할 수 있고, 혼돈의 가상화폐 시대의 방향성을 잘 제시해 주고 있다.

정보근(공학박사, 가톨릭관동대 겸임교수)

트렌드를 평생 학습해야 하는 시대를 살면서 블록체인이란 쉬운 키워드는 아니었다. 막연하게 알고 있는 블록체인의 정의를 한권의 책으로 일목요연하게 정리 할 수 있는 기회가 되었다.

목차

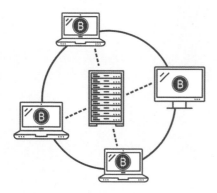

Cryptocurrency · Block Chain · Mining

Part 1

암호화폐란
무엇인가?

암호화폐(비트코인)의
탄생배경과 역사

- 비트코인은 갑자기 탄생한 것이 아니라 세계의 석학들이 세계 공통 화폐에 대한 고민을 오랫동안 하면서 만들어 낸 화폐진화의 최종산물이다.

- 암호화폐의 시작은 유대인의 역사와 같이 시작된다.

- 유대인 암호학 천재들이 30년 넘게 연구한 결과물이 암호화폐이다.

- 로마제국이 392년 기독교를 국교로 채택한 이후 예수를 죽인 유대인은 공공의 적이 되었다.

- 농업에서 퇴출당한 그들은 장사나 기독교가 부정하는 대부(화폐관련)업으로 생계를 꾸려가야 했다.

- 이후 이슬람 지배 아래에서는 각국에 퍼져있는 유대인공동체 간교육에 신뢰를 기초로 하는 외상거래와 더불어 환어음 등의 금융기법이 개발되었다.

- 이후 유대인들이 서구 금융시장에서도 두각을 나타내기 시작해 유럽 왕실과 국가들의 재무관으로 활약하였다.

- 1492년 스페인에서 추방당한 유대인들이 정착한 네덜란드에서 청어로부터 시작된 중상주의가 꽃피워 근대적 의미의 최초 주식회사인 네덜란드 동인도회사가 세워졌으며, 최초의 주식거래소, 최초의 중앙은행격인 암스테르담은행이 설립되어 자본주의의 씨앗이 되었다.

- 유대인들은 빌렘 3세의 네덜란드 독립전쟁을 돕기 위해 채권시장을 활성화시켰다.

- 그 결과 시중금리를 15%에서 3%로 낮추어 전쟁자금 지원뿐 아니라 저리를 활용해 해외투자를 할 수 있는 세계 투자망을 구축하였다.

- 최초로 주식회사를 세우고 은행을 세우고 화폐를 발행한 유대인들이 현대에 와서 탈 중앙화의 꿈을 이루기 위해 암호화폐를 만들었다.

□ 케인즈는 세계화폐를 꿈꿨다

- 케인즈는 독일에 대한 과도한 1차세계 전쟁 배상금은 전제정권을 만들고 세계대전을 일으킬 가능성이 크다는 시나리오를 『평화의

경제적 결과』라는 책에서 예언했다.

- 케인즈는 화폐와 통화에 대해 훨씬 더 많은 연구를 한 사람이다.

- 한 나라가 기축통화가 되는 것은 위험하니 세계화폐가 필요하다
  고 설파했다.

- 케인즈는 무역분쟁이나 환율전쟁이 극심해지면 다시 세계대전이
  발생할 수 있다고 생각해서 세계화폐 도입을 주장했다.

- 세계화폐는 많은 경제학자들의 꿈이다.

- 우리가 자본주의 대표 경제학자로 알고 있는 케인즈는『통화개혁
  론』과『화폐론』을 쓴 학자로 줄기차게 세계화폐를 주장했다.

- 1차 대전 직후인 1918년에 열린 파리강화회의에서 케인즈는 독일
  에 과도한 배상금을 물려서는 안 된다고 역설했으나 거부되었고,
  그는 회의에 참가한 각국 정치인들이 이기적인 자국 정치논리를
  앞세워 경제를 무시하는 무지한 행태에 충격을 받고 분노했다. 그
  는 독일에 물린 혹독한 배상금으로 인해 전무후무한 인플레이션이
  발생할 것이며, 이는 독일국민들을 빈곤으로 내몰아 '극단적인 혁
  명'이 일어날 거라고 생각해 전체주의 시대와 새로운 전쟁을 예감

  했다. 그는 이를 책으로 썼고, 이듬해
  출간한『평화의 경제적 결과』에서 연
  합국 지도자들을 강력하게 비판하며,
  "가장 중요한 문제는 정치가 아니라
  금융과 경제라는 사실을 한 사람이라도 제대로 이해했더라면…
  아직 시간이 있을 때 흐름을 이로운 쪽으로 돌려놓아야 한다."고

주장, 그의 예견은 그대로 현실화되었다.

- 결국 독일에 대한 거액의 전쟁배상금은 화폐발행량 증가 → 초인 플레이션 -> 히틀러의 등장으로 연결되어 2차 대전을 불러왔다.

- 이 모든 사건의 원인은 인플레이션이었다. 2차 대전이라는 참화는 케인즈의 선견지명이 거부된 결과였다.

- 1944년 브레튼우즈 회의 때 영국대표 케인즈는 무역정산 때만이라도 세계화폐 '방코르bancor'를 쓰자고 제안, 미국이 패권적 기축통화를 고집하면 재앙이 올 수 있다고 경고했다. 무역전쟁이 환율전쟁으로 치달아 실제 전쟁이 발생할 수 있다는 이유였다. 하지만 이는 미국에 의해 거부되었다.

□ 유대인 경제학자 프리드리히 하이에크, 화폐의 탈국가화 주장

- 경제위기 상황에서 정부가 화폐공급량을 늘려 경기를 진작시키는 정책에 단호히 반대했다.

- 사람들은 중앙은행이 화폐발행권을 독점하는 것이 당연하다고 생각하지만 현재의 화폐제도가 재정팽창을 유발하고 경기변동을 일으킨다고 보았다.

- 화폐와 경기변동에 관한 연구로 1974년 노벨경제학상을 수상했다.

- 정치사회적으로 제약받는 중앙은행이 아닌 민간주체들이 시장에

서 경쟁을 통해 자유롭게 화폐를 발행해야 한다고 보았다.

- 1976년 화폐의 탈국가화에 대한 저서를 출판했다.

- 현재 암호화폐가 추구하는 가치를 미리 예견한 것이다.

▢ 디지털화폐를 예견한 밀턴 프리드먼의 통찰

- 화폐의 미래에 대해 이야기한 또 한 명이 유대
  인 경제학자 밀턴 프리드먼이다.

- 1976년 화폐이론으로 노벨경제학상을 수상한
  오스트리아계 유대인 밀턴 프리드먼, 그는 통
  화를 경제의 가장 중요한 변수로 강조하는 통화주의 창시자로, 대
  공항 같은 경제교란은 대부분 급격한 통화 팽창이나 수축 때문에
  발생한다고 보았다.

- 프리드먼이 주장한 통화정책의 핵심은 정부가 인위적으로 화폐발
  행량을 결정하지 말고 일정한 통화증가율을 사전에 공시하고 이
  를 준수하라는 것으로, 이를 k%준칙이라 불렀다.

- 화폐는 경제성장률을 조금 상회하는 수준에서 발행량을 늘려야
  하며, 정부는 이 준칙만 지키고 나머지는 민간에 맡기면 통화량의
  급격한 변동으로 인해 경제혼란을 예방할 수 있고, 미래의 불확실
  성을 제거하여 경제주체들이 보다 합리적인 경제활동을 할 수 있
  게 된다는 것이다.

- 모든 인플레이션은 언제, 어떠한 경우라도 화폐적 현상 k%준칙을 위배하는 통화교란이 경기불안의 원칙이라 보았다. 독일연방은행은 1974년부터 이 준칙을 지켜 독일 경제를 건실하게 성장시켰다.
- 프리드먼은 그의 저서 '화폐경제학' 서문에서 미래 화폐에 대한 물음을 던진다. "미래의 화폐는 어떤 형태를 가지게 될 것인가" 과연 컴퓨터의 바이트byte일까?

▢ 유대인 경제학자 조지프 슘페터

- 창조적 혁신을 강조했던 유대인 경제학자 조지프 슘페터는 1차 대전 직후 오스트리아 재무장관을 지내면서 재정난 수습에 힘썼고, 은행장을 지내면서는 신용창출에 힘썼던 경제 관료와 금융인 출신 경제학자다.
- 그는 나치를 피해 망명 후 하버드대학 교수시절에 쓴 그의 저서 『경기순환론』에서 20세기의 주요 역사적 사건들을 경기순환 주기에 의해 설명하면서 자본주의가 내재적 모순에 의해 붕괴되는 것이 아니라 오히려 자본주의 스스로 이룩한 성공에 의해 종말을 맞고 사회주의로 이행할 것으로 예측(기본소득과 현대통화이론)한다.
- 1942년에 출간된 그의 저서 『자본주의, 사회주의, 민주주의』에서 은행의 신용창출 기능이 자본주의 발전에 기여한 것은 인정하지

만 그 정도가 지나치면 인플레이션을 불러온다고 하였다.

- 그는 민주주의가 궁극적으로는 인플레이션을 없애거나 멈출 수 있는 능력이 없기 때문에 붕괴될 것이라고 예측하면서 그 이유로 정치적 의지의 부족을 들었다.

□ 유대인 천재 암호화폐 선구자, 데이비드 차움

- 금융위기 속 달러체제에 대항해 탄생한 비트코인.
- 드골, 1964년 IMF연차총회에서 세계화폐 제안.
- 주요국들 미국으로부터 금 인출 러시 → 닉슨쇼크.
- 반체제 히피운동 이후 사이퍼펑크cyperpunk 운동이 일어났다. 1980-90년대 사이퍼펑크운동: 사이퍼ciper(암호)+펑크punk(저항) → 대규모 감시에 맞서 자유를 지키기 위해 암호기술을 활용하는 사람들, 이들은 군과 정보당국의 전유물이었던 암호기술을 이용해 거대집단의 감시에 맞서 개인의 프라이버시를 지켜야겠다고 결심한다.
- 이 운동의 선두에 유대인 데이비드 차움이 있다. 그는 미국정부가 감시와 도청으로 칠레대통령을 권좌에서 쫓아낸 사실을 알고는 빅브라더(중앙감시)로부터 개인의 프라이버시를 지켜야겠다고 결심했다.

- 차움은 거래내역 추적을 막기 위해 암호학을 컴퓨터공학에 적용. 그는 26세의 나이로 암호학자이자 컴퓨터과학자 겸 경영학박사로 뉴욕대 경영대학원 교수가 되자 암호학자들을 결집시켜야 할 필요성을 느끼고 '국제암호연구학회'를 조직(유대인 암호학자들 공동연구) → 사이퍼펑크 운동 시작 전 이미 17건 특허 → 신뢰 프로토콜 구축을 했다.

- 차움은 개인 프라이버시를 지키기 위해서는 무엇보다 개인들의 자금거래를 추적당하지 않도록 하는 게 급선무라고 판단, 신분을 노출시키지 않으면서도 거래할 수 있는 방법을 연구했다.

- 그는 1981년 '익명통신' 1983년 거래당사자의 신분을 노출시키지 않는 '은닉서명'을 개발해 암호화폐의 뼈대를 만들었다.

- 차움은 1985년에 '빅브라더를 이기는 방법'이라는 논문으로 사이퍼펑크 운동에 불을 붙였다.

- 그는 1990년 최초의 암호화폐 이캐시e-cash를 개발하여 디지캐시라는 업체를 네덜란드에 설립해 운영했으나 미국정부의 견제로 실패했다.

- 현재의 암호화폐와 디지털화폐의 중간 형태였다.

- 1992년 사이버펑크 모임과 선언: 인터넷 보급으로 빅브라더(중앙감시체계) 출현 → 유대인 암호학자들 블록체인 바탕기술 개발.

□ 1997년 작업증명 알고리즘
- 유대인 암호학자 아담 백

- 작업증명 알고리즘 창안자.
- "해시캐시" 암호화폐 개발.

□ 1998년 유대인 천재 암호학자 닉재보

- 로스쿨 출신 법학교수이자 공학박사.
- 비트코인의 기원 분산암호화폐 "비트골
  드" 설계.
- 스마트계약 개념 최초 선보여.
- 비트코인 개발자 '사토시 나카모토'로 추정되어 지목됨.
- '신의 프로토콜' 논문, 『화폐의 기원』 저서.

□ 모바일 결제의 탄생, 유대인 피터틸, 일론머스크

- 유대인 피터틸, 일론머스크 경쟁 → 1999년 연합으로 페이팔 탄생.
- 개인정보 보안, 해외결제, 송금 편리.
- 이베이에 15억 달러에 매각.

- 페이팔 동지들 유튜브 등 7개의 거대 기업 탄생시켜 페이팔 마피아로 불리게 됨.

- 페이팔 출신 7개의 유니콘(1조 이상) 기업이 있다. 그 기업들은 다음과 같다. 테슬라 모터스(395억 달러), 링크드인(253억 달러), 팰런티어(200억 달러), 스페이스엑스(210억 달러), 옐프(26.9억 달러), 유튜브(16.5억 달러), 야머(12억 달러).

페이팔 창업자들의 인맥은 지금도 풍성한 결실을 맺고 있고, 그들의 성공신화 역시 아직 현재 진행형이다. 현재도 전 세계에서 영향력이 대단하다. 서로 밀어주고 당겨주고 틸 역시 인터뷰에서 페이팔 팀을 이렇게 평했다. "페이팔 동료들과는 특별한 유대감이 있어요. 그 시절의 경험은 정말 강렬했습니다. 지금까지도 우리의 관계가 단단한 것은 바로 그런 경험 덕이죠."

- 가상화폐 시대의 도래.
- 2004년 유대인 암호학자 할패니 해시개념 '이머니' 개발.
- 2007년 실물 금화와 은화 '자유달러'와 온라인 금화 'e-골드'에게 철퇴가 가해지자, 암호화폐 개발자들 커튼 뒤로 잠적(사토시 나카모토라는 익명으로 잠적한 이유).
- 2009년 1월 비트코인 탄생(누가 사토시 나카모토인지 아무도 모른다).

- 변동성 너무 큰 암호화폐 → 스테이블코인등장: 테더, JPM코인, 리브라(디엠).
- 추적 가능 중앙은행 디지털화폐CBDC → 세계 중앙은행 중 80%가 개발 진행 중.
- 중앙은행이 암호화폐 기술을 가져와서 법정중앙화폐를 만들게 된 것이다.
- 세계화폐 주장했던 경제학자들, 암호화폐를 꾸준히 만들었던 암호학자들, 비트코인 중심으로 한 암호화폐와 중간에 스테이블코인이 나오고 모든 장점을 도입한 디지털화폐순으로 화폐혁명이 이루어지고 있다.
- 현재 세계 금융은 미국이 주도하고 있고, 미국 금융은 삼각편대라 불리는 월가와 재무부 그리고 연준이 이끌고 있다. 이 삼각편대의 주도세력이 유대인들이다.
- 월가 금융기관들의 수장이 대부분 유대인이다. 그리고 월가를 관리 감독하는 재무부의 수장 역시 로버트 루빈 이래 유대인들이 차지하고 있다. 역대 연준 의장과 이사들 역시 대부분 유대인이며, 현 제롬 파월 의장은 유대인은 아니지만 친유대인사이다.
- 이렇게 비트코인은 어느 날 갑자기 탄생된 것이 아니라 유대인 암호학자들이 30년간의 연구개발 끝에 만들어진 결과물이다.
- 그들은 비트코인이 통화금융세력의 패권적 횡포이자 금융자본주의의 본질적 문제인 '신뢰부족, 빈부격차, 금권정치, 인플레이션, 통화교란으로 인한 금융위기' 등에 맞서 싸우는 세계화폐가 될 수

있다는 믿음이 있었다.

- 글로벌 금융위기의 와중인 2009년 1월 3일 '사토시 나카모토'라는 익명으로 공개된 최초의 비트코인에 금융위기 실상을 알리는 메시지를 담아 기존 통화금융세력에 대한 도전임을 명확히 하였다.

- 사토시는 경제현상을 교란시키는 인플레이션과 유동성 확대로 인한 금융위기에 대한 대책으로 비트코인의 발행수량을 제한, 그리고 어느 한 나라의 패권지향적인 세력들에게 휘둘리지 않도록 탈중앙화된 분산원장기술이 적용된 비트코인을 만들었다.

- 오늘 날까지도 비트코인을 만든 '사토시 나카모토'가 누구인지는 밝혀지지 않고 있다.

비트코인 소개
(암호화폐 1.0)

- 정부나 중앙은행, 금융회사의 개입 없이 온라인상에서 개인과 개인이 직접 돈을 주고받을 수 있도록 암호화된 가상자산으로, 2009년 개발되었다. 컴퓨터 프로그램으로 수학문제를 풀어 직접 비트코인을 채굴하거나, 채굴된 비트코인을 거래하는 시장에서 구입할 수 있다.

- 비트코인은 컴퓨터에서 정보의 기본 단위인 비트bit와 동전coin의 합성어로, 2009년 1월 '사토시 나카모토'라는 필명의 프로그래머가 개발한 가상자산이다. 비트코인을 만드는 과정은 광산업에 빗대어 '마이닝mining(캔다)'이라고 하며 이러한 방식으로 비트코인을 만드는 사람을 '마이너miner', 즉 광부라고 부른다. 비트코인은 컴퓨터 프로그램으로 수학문제를 풀어 직접 비트코인을 채굴하거나, 채굴된 비트코인을 거래하는 시장에서 구입할 수 있다.

- 비트코인은 완전한 익명으로 거래되며, 컴퓨터와 인터넷만 되면 누구나 계좌를 개설할 수 있어 범죄·탈세 등에 악용되기도 한다. 통화 공급량은 엄격히 제한돼 총 발행량은 2,100만 개로 정해져 있는데, 유통량이 일정 기준을 넘으면 한 번에 채굴할 수 있는 양이 줄어들고 문제도 어려워져 희소성이 높아진다.

□ 비트코인의 등장(Bitcoin 2008.11.1)

- 이중지불 문제를 해결한 것이 비트코인이다. 2008년 11월 1일, '사토시 나카모토'라는 정체를 알 수 없는 인물이 발송한 한 통의 메일이 암호학과 컴퓨터공학 분야의 전문가들에게 도착했다. 비트코인-개인 간P2P 전자화폐시스템이라는 제목이 붙은 아홉 쪽짜리 논문이었다. 사토시 나카모토는 디지털 세계에서 중간 관리자 없이 전송할 수 있으며 동시에 이중지불 문제를 해결한 화폐시스템을 만들었다고 주장했다.
- 그것이 사실이라면 감독관의 엄격한 관리 아래 유통하는 온라인 화폐와는 전혀 다른 화폐, 순수한 의미의 디지털 자산이 등장한 것이다.

"Bitcoin is often called the first Cryptocurrency, alhtough prior systems existed and it is more correctly described as 'the first decentralized digital currency.'" – Wikipedia –

▲ "비트코인은 최초의 탈중앙화된 디지털화폐"

- 2009년 1월, 사토시 나카모토는 논문에서 제시한 아이디어를 실제 구현해 보였다. 비트코인 시스템이 성공적으로 가동되어, 최초의 비트코인이 발행되었다. 비트코인 시스템은 은행 등 제3의 중개자 혹은 중간 관리자의 역할 없이 시스템 참여자 간의 합의에 의해, 이중지불의 위험을 제거하고 온라인 화폐를 안전하게 발행, 전송하는 길을 열었다. 비트코인은 최초의 '탈중앙 디지털 화폐 시스템'이었다. 그리고 그것이 가능한 기술적 배경에는 블록체인이 있었다.

- 사람들의 무관심 속에서 그는 일주일간 약 4만 3,000개의 비트코인을 만들었고 그 사실을 다시 메일로 많은 사람들에게 알렸다. 관심을 가진 암호학자 할패니가 사토시 나카모토에게 답장을 하자, 사토시는 테스트 삼아 할패니에게 10비트코인을 전송했다. 역사상 최초의 비트코인 전송이었다. '제네시스 블록'이라고도 하는 첫 번째 블록을 사토시가 만들었고, 할 피니는 70번째 블록을 만들었다. 할패니는 사토시에 이어 두 번째로 비트코인을 채굴했다.

- 사토시 나카모토의 정체를 많은 사람이 궁금해했고 실제로 추적해 본 사람도 많았지만, 지금까지 그의 정체에 대해 밝혀진 바는 거의 없다. 컴퓨터 알고리즘, 수학, 암호학의 학문적 배경을 가진 인물로 추정될 뿐이다.

- 2010년 5월 22일, 비트코인은 처음으로 실제 거래의 지급수단으로 사용되었다.

- 2010년 한 프로그래머가 비트코인 1만 개로 피자 두 판(25달러)을 구

매하면서 비트코인에 금전적 가치를 부여했다.

- 비트코인의 명성이 퍼지게 된 것은 의외의 것 때문이었다. 비트코인이 아직 컴퓨터광들의 장난감 정도로 여겨질 때, 그 가능성에 주목한 곳이 '다크웹'이다. 다크웹이란 마약, 탈세, 무기 거래 등 '어둠의 거래'가 이루어지는 온라인 공간을 가리킨다.

- 비트코인 시스템에서 송금이 암호화한 익명의 주소로 이뤄진다는 점에, 불법적 지불 거래를 원하는 이들이 눈독을 들였다.

- 그리고 2013년 키프로스공화국에서 일어난 금융위기가 비트코인에 대한 사람들의 관심을 크게 높였다. 키프로스 정부는 금융 위기를 맞아 뱅크런(예금 대량 인출)을 우려해 국민의 계좌를 동결해 버렸다. 국민들은 돈을 찾지 못해 생필품조차 사지 못하는 어려움을 겪었다. 정부와 중앙은행이 관리하는 화폐 시스템은 언제든지 위로부터 억압적으로 통제될 수 있음을 많은 사람들이 확인했다.

- 그런데 중앙 관리자 없이 순수하게 P2P로 주고받는 디지털화폐가 있다고? 비트코인? 이러한 사람들의 주목을 받으면서 비트코인의 가치도 솟구쳤다.

- 비트코인 이전에도 탈중앙적 전자화폐 시스템을 구축하려는 시도는 많았다. '사이버펑크'라고 불리는 테크노 자유주의자들은 국가로부터 개인의 경제활동이 감시받지 않는 대안적 화폐를 만들고자 했다. 그때까지의 암호화 기술이 동원되어 몇 번의 실험적 전자화폐가 출현했다. 그러나 이중지불을 방지하면서 동시에 중개자에게 의존하지 않는 방법을 찾기란 쉽지 않았다. 보안성을 높이려

면 탈중앙성을 포기해야 하고 탈중앙성을 높이려면 보안성과 효율성이 떨어졌던 것이다.

- 사토시 나카모토는 기술적 돌파구를 찾았다. 그는 비트코인을 제안한 논문에서 '기존의 디지털 서명 기술'은 이중지불을 막는 방법을 부분적으로 제공해 주지만, 여전히 '믿을 수 있는 제3자'에게 이중지불 방지 역할을 맡긴다면 전자화폐가 가진 중요한 장점들은 사라지고 만다면서 'P2P 네트워크를 이용하여 이중지불 문제를 해결하는 방법을 찾았다'고 밝혔다. 그 방법이란 블록체인 기술을 혁신적으로 응용하는 거였다.

- 블록체인을 이용하면 단일 중앙 관리자를 두지 않고도 온라인 재산 거래에서 이중지불을 방지하고 거래에 신뢰를 보증할 수 있다.

- 사토시가 독창적으로 응용한 블록체인은 하나의 기술이 아니라 데이터 암호화 기술, 암호화된 데이터 분산 저장 기술, 시스템 운영에 관한 참여자 합의 구현 기술 등을 망라한 기술체계이다. 비트코인 = 블록체인은 잘못된 것이다. 비트코인은 블록체인의 기반 위에 만들어진 결과물이다. 블록체인이 나무라면 비트코인은 열매인 것이다.

- 비트코인은 역사상 최초로 등장한 진정한 글로벌 화폐다. 비트코인은 국경에 갇히지 않고 인터넷을 타고 그 어디든 흘러갈 수 있고, 또 흘러올 수 있다. 비트코인의 글로벌한 성격은 국제 기축통화로 사용되는 달러나 유로화와도 다르다. 달러는 미국의 일국 화폐이고, 유로화는 유럽연합의 지역 화폐이나, 미국과 유럽연합이

가진 경제 권력의 뒷받침으로 글로벌 차원에서 유통되는 것이다.

- 하지만 비트코인은 애초에 특정한 나라나 지역에 얽매이지 않고 지구 전체를 하나의 네트워크로 삼아 움직이는 화폐이다. 블록체인 기반 디지털 화폐는 본질적으로 글로벌하고, 탈중앙적이고 대안적이다. 이러한 속성을 지닌 암호화폐를 기반으로 암호화폐 경제 또는 새로운 디지털 경제가 만들어지고 있다. 아날로그 화폐에 기반을 두고 세워진 경제 전반이 새로운 디지털화폐, 즉 암호화폐 위에 다시 세워지고 있다.

- 그러나 비트코인 시스템은 다수의 관리자들(즉 컴퓨터들)이 거래를 검증하느라 거래 속도가 한심할 정도로 느리다는 약점을 갖고 있다. 비트코인 시스템에서는 지급 결제 내역을 기록한 블록 하나가 생성되는 데 10분을 기다려야 한다. 게다가 적어도 여섯 개의 블록이 이어져야 기록의 불변성이 확정되기 때문에, 거래 청산을 위해서는 길면 한 시간 이상을 대기해야 한다. 탈중앙화라는 철학이 아무리 매력적이더라도 효율성 면에서 중앙집중형 금융 시스템 대신 비트코인 시스템을 사용해야 할 동기가 크지 않은 것이다. 그러나 탈중앙 화폐 시스템의 가능성을 크게 도약시키는 혁신이 등장했다. 그것이 바로 스마트계약이다.

- 데이비드 차움 박사의 암호화폐의 조건은 다음과 같다. 첫 번째, 익명성Anonymity. 두 번째, 양도성Transferability. 세 번째, 중복사용방지Prevent copy & double-spending. 여기에 한 가지가 더 추가되었다. 네 번째, 분산처리Decentralized가 그것이다.

- 블록체인의 원조는 사토시다. 사토시는 자신의 논문에서 스튜어트 하버와 W. 스콧 스토어네타의 연구를 언급함으로써 블록체인의 아이디어가 어디에서 왔는지 밝혔다.

- 1991년 하버와 스토어네타는 디지털 문서 공중 시스템을 만들었다. 이 시스템은 계약 문서를 보관할 때 별도의 공증인이 없어도 문서의 진본성을 신뢰할 수 있도록, 각 문서의 타임 스탬프를 암호화하여 뒤에 오는 문서에 연결하는 방식이었다.

- 하버와 스토어네타는 이 기술을 '타임스탬프 보관'이라고 불렀다. 이 기술은 이후 데이터 관리 기술로 진화했다.

- 바로 블록체인기술이다. 블록체인은 암호토큰은 물론, 부동산, 지하자원, 지적재산권 등 다양한 중요 자산들을 중앙 관리자 없이 안전하게 관리하고 글로벌 차원에서 유통할 수 있는 시스템이다.

- 2015년 세계경제포럼에서는 2025년 세계 총생산의 10%가 블록체인에 저장되고 블록체인 플랫폼 안에서 거래가 이루어지리라는 예측이 제시되었다.

▢ 비트코인에 적용돼 있는 블록체인 기술

- 블록체인은 디지털 통화 거래 내역을 기록하기 위해 개발된 분산형 장부 기록 데이터베이스 기술이다. 금융거래에서 장부 책임자가 없는 거래 시스템으로 공공 거래 장부라고도 부른다. 중앙집권

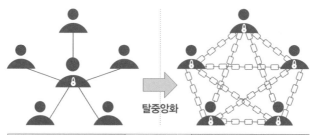

(현재) 중앙집중식	구분	(미래) 블록체인
거래 시 개인정보 필수	익명성	거래 시 개인정보 불필요
거래 정보 미공개	투명성	허가 대상에게 거래 정보 공개
한 곳에 데이터가 집중되어 해킹 위험 존재	보안성	동일 데이터가 분산되어 있어 해킹에 안전, 위·변조 불가
데이터 수정, 삭제 가능	가역성	데이터 수정, 삭제 불가능

적 은행이 중앙 집중형 서버에 거래 기록을 보관하고 책임지는 것이 아니라 이 거래 시스템에 참여하는 모든 사람들이 같은 장부를 보관하게 된다. 새로운 거래가 발생할 때마다 그 정보를 별도의 블록으로 만들고, 이 블록을 기존 장부에 연결하는 방식이다. 거래가 일어날 때마다 분산된 장부들을 서로 대조하기 때문에 장부 조작이 극히 어려워 강력한 보안을 유지할 수 있다.

- 이 블록체인은 비트코인에도 적용되어 있는데, 비트코인은 누구나 열람할 수 있는 장부에 거래 내역을 투명하게 기록하며, 비트코인을 사용하는 여러 컴퓨터가 10분에 한 번씩 이 기록을 검증하여 해킹을 막는다.

- 비트코인의 반감기.

- 채굴의 보상으로 지급되는 비트코인은 인플레이션을 방지하기 위해 4년마다 채굴되는 양을 1/2로 자동으로 감소하도록 프로그래

밍되어 있다.

- 2140년까지 계속 채굴을 하면 채굴량은 2,100만 개로 한정되어 있어서 수요는 증가하고 공급량은 한정되어 있어 가격의 하락을 방지하도록 설계되었다.

- 2140년까지 모든 채굴이 끝나면 그 이후에는 채굴에 대한 보상으로 비트코인을 지불하는 방식에서 비트코인을 사용했을 때 수수료를 내는 방식으로 전환된다.

□ 알트코인이란?

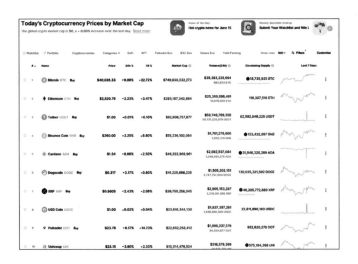

- 비트코인을 제외한 다른 암호화폐를 알트코인이라 한다.

- 알트코인의 경우 거래량이 없는 코인은 99%가 살아남기 어려울

것으로 예상한다.

- 총 8만여 종의 알트코인이 있는 것으로 알려져 있으며, 거래소에 등록되어 거래되고 있는 것들은 2천여 종으로 알려져 있다.

- 알트코인의 경우 적은 거래량과 작전세력의 영향으로 가격변동성이 극히 심한 편이다.

- 지속적인 거래량이 발생하며 살아남을 코인은 1% 이내인 것으로 예상하고 있다. 암호화폐 거래 시 거래량이 없는 일명 잡코인은 피하는 것이 좋다.

- 비트코인이 금과 유사한 이유는 세 가지 사실 때문이다. 첫째, 희소성. 둘째, 해킹되지 않음. 셋째, 신뢰성.

- 달러와 반대로 작용하며, 금과는 동행하는 경향이 있다.

- 비트코인=디지털 금Digital Gold으로 불리며 가상자산으로 간주한다.

- 2,100만 개로 한정되어 희소성이 있으며, 반감기로 인플레이션을 대비한다.

- 비트코인은 한 번도 해킹당한 적이 없다.

- 비트코인이 금인 이유=‘신뢰’ 때문이다.

- 달러 지수, 금 선물, 비트코인 가격을 비교해 보자.

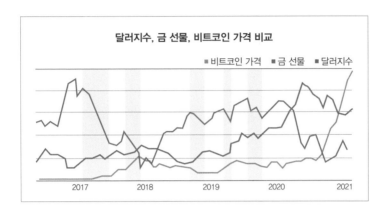

□ 블랙록 채권왕, 릭 리더

세계 최대 자산운용사 블랙록의 릭 리더는 비트코인(투자)을 조금
씩 해보기 시작했다고 한다.

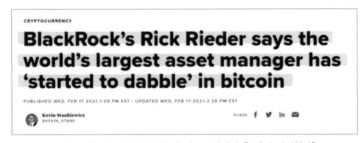

▲ 관련 기사, "블랙록의 릭리더가 말하길, 비트코인에 손을 대기 시작했다"

유출된 시티은행의 보고서에 따르면 비트코인은 '21세기 금'으로 불리며, 2021년 12월에 31만 8,000달러에 달할 것으로 예상하였다.

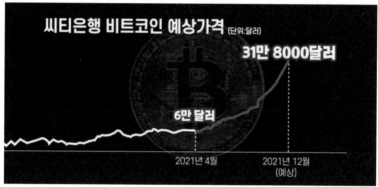

Now, a leaked report from Wall Street giant Citibank has revealed a senior analyst thinks bitcoin could potentially hit a high of $318,000 by December 2021, calling it "21st century gold."

▲ 자료사진

□ 골드만삭스

골드만삭스에서는 비트코인의 전망에 대하여 다음과 같이 말했다.

첫째, '비트코인은 공식적으로 새로운 자산이 될 것'이다.

둘째, 비트코인은 인플레이션을 헷지Hedge(손실대비책)하는 수단으로 활용될 것이다.

셋째, 비트코인이 중장기적으로 상승할 수밖에 없는 이유는 뒤에서 자세하게 설명할 것이다.

Bitcoin is officially a new asset class: Goldman Sachs

Brian Sozzi · Anchor, Editor-at-Large
May 24, 2021 · 4 min read

(LTC-USD +10.15%) (GBTC -6.90%) (COIN -4.27%) (ETH-USD +11.70%)

It's time to take bitcoin way more seriously as an investable asset, says Goldman Sachs.

"Bitcoin is now considered an investable asset. It has its own idiosyncratic risk, partly because it's still relatively new and going through an adoption phase," said Mathew McDermott, Goldman Sachs' global head of digital assets, in a new piece of research. "And it doesn't behave as one would intuitively expect relative to other assets given the analogy to digital gold; to date, it's tended to be more aligned with risk-on assets. But clients and beyond are largely treating it as a new asset class,

▲ 자료사진

이더리움 소개
(암호화폐 2.0)

□ 이더리움(ethereum)이란?

- 이더리움이란 스마트계약이 추가된 기능을 말한다.
- 이더리움은 러시아 이민자 출신의 캐나다인 비탈릭 부테린Vitalik Buterin이 2015년 11월 1일 발표한 대표적인 알트코인이며, 비트코인 2.0으로 불리기도 했다. 사실 이더리움은 플랫폼으로 보는 게 맞으며 이더리움이 제공하는 '이더Ether'가 알트코인이지만 업계에서 이 구분 없이 이더리움을 알트코인으로 칭하고 있다.
- 이더리움 플랫폼의 특징은 분산 응용 어플리케이션이라 볼 수 있다. 유저들은 오픈소스를 이용하여 디앱Dapp(탈중앙화 어플리케이션)을 만들 수 있고, 기존 블록체인이 금융 거래에 특화되어 있었다면 이더리움은 블록체인이 화폐 거래 기록뿐만 아니라 다양한 분야에도

도입되는 것을 용이하게 만들었다.

- 그중 가장 대표적인 특징은 스마트 계약이라는 것이다. 스마트 계약은 특정 조건이 성립될 시 계약이 성립되거나 해제도 되는 기능을 가능케 하는 기술이다. 이러한 기능이 탑재된 이더리움은 양자 계약, 이메일, 전자투표 등 다양한 분야에서 광범위하게 사용될 수 있을 것으로 보인다. 이더리움의 혁신적인 특징 때문에 2017년에는 총 1,090개의 디앱과 700개 이상의 암호화폐가 이더리움을 기반으로 개발되었다.

- 이더리움Ethereum은 블록체인 기술을 여러 분야에 접목할 수 있도록 업그레이드한 기술이다. 흔히 '2세대 블록체인'이라고 일컫는다. 1세대는 블록체인 기술을 최초로 구현해 보인 '비트코인'이다. 비트코인은 블록체인 기술을 금융거래 시스템에 접목한 시스템이다. 반면 이더리움은 금융거래에 한정, 특화된 기존 블록체인 시스템을 금융거래 이외의 모든 분야로 확장했다. 이더리움 덕분에 다양한 비즈니스 분야에 블록체인 기술을 접목할 수 있게 됐다.

- 2013년 겨울, 러시아 출신 캐나다 개발자 비탈릭 부테린Vitalik Buterin이 이더리움 백서를 발간했다. 백서 제목은 차세대 스마트 계약& 분산 응용 어플리케이션 플랫폼. 당시 비탈릭 부테린은 19세 청년이었다. 그리고 이듬해인 2014년 겨울, 비탈릭 부테린은 『포브스』와 『타임』이 공동 주관하는 '월드 테크놀로지 어워드'에서 IT소프트웨어 부문 수상자로 선정됐다. 당시 페이스북 창업자인 마크 저커버그를 제치고 따낸 성적이어서 전 세계에 파란을 일으켰다.

- 비탈릭 부테린이 개발한 이더리움이 어떤 것이기에 그는 마크 저커버그 페이스북 창업자를 제치고 어워드를 수상할 수 있었을까? 이더리움 백서의 제목, '차세대 스마트 계약&분산 응용 어플리케이션'이 그 단초를 제공한다.

- 이더리움은 복잡하고 다양한 계약 패턴을 소화할 수 있어 '스마트 계약' 구현에 적합하다. 백서의 제목이 제시하듯, '스마트 계약 Smart Contract'은 이더리움의 중요한 특징 중 하나다.

- 스마트 계약은 합의 프로세스를 자동화한 컴퓨터 프로그램이다. '코드가 곧 법code is law'이라는 스마트 계약의 원칙이 그 성격을 잘 설명해 준다. 코드에 적힌 계약 조건이 만족되면 그 즉시 계약이 성사되게끔 하는 것이다. 이때 계약 상대방이 과연 믿을 만한 사람인지, 중간에 신뢰를 보증할 제3자가 필요한 것은 아닌지, 계약이 안전하게 처리됐는지를 고민할 필요가 없다. 모든 과정은 자동으로 이뤄진다.

- 스마트 계약은 1세대 블록체인인 비트코인에서도 구현됐다. 하지만 매우 제한적이었다. 금융거래에서는 비교적 간단한 계약이 요구되기 때문이다. 비탈릭 부테린은 이더리움 백서에 '차세대 스마트 계약'이라는 용어를 씀으로써 비트코인의 스마트 계약을 '구세대'로 규정했다. 차세대 스마트 계약이 가능한 이더리움에서는 각 비즈니스 로직에 따른 복잡하고 다양한 계약 패턴을 소화할 수 있다.

- 개발자는 차세대 스마트 계약으로 다양한 분산형 어플리케이션

DApp, Decentralized Application을 개발할 수 있다. 이더리움 프로젝트 홈페이지에는 이더리움을 기반으로 만들어진 다양한 DApp(댑)들이 소개돼 있다. 고양이 키우기 게임 '크립토키티즈Cryptokitties', 집단 지성 백과사전 '루나LUNYR' 등이 DApp의 주요 사례다.

▲ 이더리움 개발자 프로필

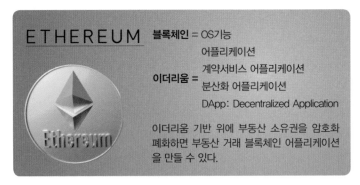

▲ 이더리움 회사 소개

- 블록체인이 OS역할을 한다. (OS란 운영체제 = Operating System)를 말한다. 컴퓨터의 하드웨어들이 잘 동작하도록 하고 응용 소프트웨어들이 잘 실행될 수 있는 환경을 제공하여 컴퓨터를 편리하게 사용할 수 있도록 해 주는 소프트웨어이다.)

- 이더리움이 어플리케이션 역할을 해서 무엇이든 블록체인화할 수 있다.
- 부동산 소유권, 암호화폐화 하면 부동산 거래 블록체인 어플리케이션을 만들 수 있는 것이다.
- 모든 중개인 신뢰 기반의 계약 및 거래 산업에 블록체인이 도입가능하다.
- 암호화폐의 이체서비스를 넘어 은행거래와의 다양한 산업의 거래(계약)를 가능하게 할 것이다.
- 블록체인 위에서 각종 어플리케이션이 가능하게 했다.
- 무엇이든지 거래(계약)가 성사되는 것에서는 이더리움의 기능이 활용가능하다.

□ 이더리움의 스마트계약 기능

- 이더리움 기반 위에서 만들어진 디앱 수는 2,766개로 가장 많다.
- 이오스 기반 위에서 만들어진 디앱 수는 328개로 이더리움 기반 위에서 만들어진 디앱 수가 절대적으로 많다는 것을 알 수 있다.
- 이더리움은 거래가 있는 것은 무엇이든 암호화폐화할 수 있는 플랫폼 역할을 한다.

▲ 비자의 발표내용

□ 이더리움을 적용해 블록체인화하면 어떻게 될까

- 소수 개발인력으로 서류업무 자동처리가 가능해서 경비절약이 가
  능하다.
- 중개업의 필요한 인력최소화로 경비 절감이 가능하다.
- 블록체인의 신뢰를 기반으로 많은 중간단계를 절약할 수 있다.
- 적은 인력으로 다양한 시도를 해볼 수 있다.

□ 이더리움의 한계점

- 코인 전송 시 발생하는 '가스 수수료'
- 신용카드 수준의 거래 어려움.
- 이더리움 2.0으로 업그레이드 중.

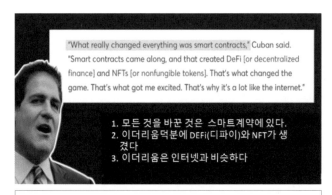

"What really changed everything was smart contracts," Cuban said. "Smart contracts came along, and that created DeFi [or decentralized finance] and NFTs [or nonfungible tokens]. That's what changed the game. That's what got me excited. That's why it's a lot like the internet."

1. 모든 것을 바꾼 것은 스마트계약에 있다.
2. 이더리움덕분에 DEFi(디파이)와 NFT가 생겼다
3. 이더리움은 인터넷과 비슷하다

플랫폼별 디앱 현황 (출처: 스테이트오브댑스)

*영상 촬영은 14일에 진행해 표에 적은 수치(16일 기준)와 약간 차이가 있습니다.

플랫폼	총 디앱수	일일 활성 사용자	계약(컨트랙트)수
이더리움	2766	7만 9120	4730
이오스	328	3만 3770	549
스팀	79	-	174
클레이튼	64	2만 1210	171
트론	64	8890	200

▲ 플랫폼별 디앱 현황

□ 미래 부동산거래 블록체인 네트워크

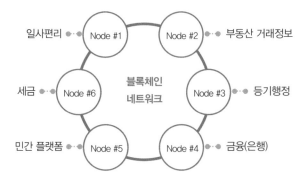

- 개인정보 및 매물정보를 입력하고 그것을 공공기관의 협조를 받아 검증하여 블록체인에 올리고 계약금, 중도금이 일정계약조건을 갖추면 자동이체로 설정하고, 잔고부족 알림 기능을 추가한다.
- 세부조건들은 매입자와 매도자가 확인할 수 있도록 온라인 매매계약서를 작성하고 항상 매입자와 판매자가 상시 열람할 수 있도록 해 둔다.
- 각 문서의 기한을 설정하고 판매자와 매입자의 최종 확인할 때만 확정되도록 한다.
- 계약 취소 시는 자동적으로 위약금을 물도록 설정한다.
- 계약이 성사된 이후에는 판매자와 구매자의 서명날인을 하여 관련기관에 송부한다.
- 관련기관 또한 블록체인을 통한 문서 수신이 가능하도록 해야 한다.
- 세금이 발생하는 경우를 대비해 국세청과도 블록체인으로 연결되게 해야 한다. 세금이 자동으로 납부되도록 조건화하면 된다.
- 블록체인 상에서는 전산화된 정보만을 취급할 수 있기 때문에 전산화할 때까지는 부동산을 필히 방문하여 실물을 확인한 후 전산화 정보화해야 한다.

□ 이더리움 가격이 치솟는 이유

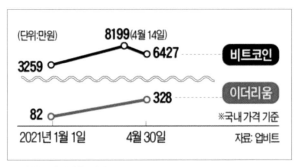

▲ 치솟는 이더리움 가격

- 이더리움은 스마트컨트렉트 플랫폼

- 이더리움 위에서 구동하는 댑토큰DappT이 점점 더 늘어나고 있음

- 이더리움 플랫폼 기반의 디파이, NFT산업 발전

- 디파이 예치의 기축통화가 이더리움이라 그 물량이 증가

- 다우존스 인다이시스 지수 제공 → 기관투자 투자 증가

- JP모건: 이더리움이 비트코인 추월할 것이라는 전망 내놔

- 디파이: 암호화폐를 담보로 그 금액의 30-70%를 스테이블코인으
  로 단기 대출(90일)하는 것인데 기축화폐를 이더리움으로 사용하고
  있음에 따라 이더리움 인기 급상승 중

- 관련 토큰 가격 상승으로 수익

- 주요 디파이 코인들: 유니스왑, 체인링크, 테라(루나), 메이커, 컴파
  운드, 신세틱 등

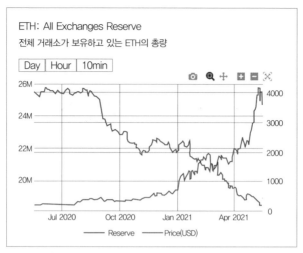

ETH: All Exchanges Reserve
전체 거래소가 보유하고 있는 ETH의 총량

| Day | Hour | 10min |

▲ 이더리움의 수요와 공급 지수를 말해주는 그래프

- 이더리움의 수요는 지속 증가, 공급은 지속감소 → 지속가격상승

- 디파이의 발달로 이더리움이 잠기면서 시중에 유통되는 물량이
  계속 줄어들어 가격상승에 영향을 주고 있다.

- NFT^{Non-Fungible Token}: 대체불가토큰

- 모든 아날로그 자산은 디지털 자산이 될 수 있다.

- 범접하기 힘들었던 고액 미술품과 강남 아파트들이 이미 디지털
  자산이 되어 소액으로 쪼개져 거래되고 있다.

- 이른바 NFT^(대체불가토큰)시대가 열렸다.

- 예술품 데이터 분석 플랫폼 크립토아트에 따르면, NFT기반으로
  거래된 예술 작품 총액은 2021년 3월 4일 기준 1억 9,740만 달러
  이고, 거래된 작품 수는 10만 점이 넘는다.

- NFT도 이더리움 기반에서 구동되는 것이기 때문에 NFT의 발달

은 이더리움의 발달로 연결된다.

- 알트코인의 경우 변동성이 크고, 알트코인의 99%는 사라질 것으로 거의 모든 전문가들이 예상하고 있다.

- 상위 1%의 코인만 거래하고 나머지는 주의해야 한다.

- 가상자산 거래는 주식거래를 추월하고 있다.

- 가상자산 일일 거래액: 2021년 3월 11일(11조 원) → 4월(20조)

- 코스피: 2021년 1월(17조) → 2월(12조) → 3, 4월(9조)

- 코스닥: 2021년 1월(13.6조) → 2월(11.7조) → 3, 4월(10조)

- 김치프리미엄은 10% 내외 상존해 있음

- 이더리움 사용료 = 가스비 많이 들어

- 플랫폼 경쟁 코인들 등장

- 카르다노(에이다), 폴카닷, 바이낸스코인, 이오스

주요 암호화폐 »

종목	기호	가격 (KRW)	총 시가	거래량(24H)	총 거래량	변동(24H)	변동(7D)
비트코인	BTC	50,432,794	₩942.24T	₩87.73T	32.68%	-4.49%	-20.96%
이더리움	ETH	3,818,742	₩440.68T	₩62.93T	23.44%	-3.27%	-15.55%
Binance Coin	BNB	595,305	₩91.05T	₩6.00T	2.24%	-4.57%	-18.20%
Cardano	ADA	2,310	₩73.85T	₩12.66T	4.72%	-7.10%	+22.45%
Dogecoin	DOGE	556.49	₩71.98T	₩8.25T	3.07%	-1.71%	+5.53%
Tether	USDT	1,136.9	₩66.16T	₩201.95T	75.24%	-0.41%	0%
XRP	XRP	1,714.6	₩59.93T	₩15.57T	5.80%	+6.86%	+5.44%
Polkadot	DOT	45,846	₩42.48T	₩5.56T	2.07%	-5.00%	+8.53%
Internet Compu	ICP	228,033	₩27.96T	₩413.88B	0.15%	-6.09%	-54.83%
Bitcoin Cash	BCH	1,246,079	₩23.27T	₩7.77T	2.90%	-2.86%	-18.89%

▲ 코인들의 가격

치아코인(Chia coin)
소개(암호화폐 3.0)

- 치아코인이란 비트토렌트 개발자인 브램 코헨Bram Cohen이 만든 친
  환경 차세대 코인(암호화폐3.0)이다.

- 누구나 가정에서 채굴을 할 수 있게, 대규모의 채굴업자가 아닌 개
  인의 채굴이 가능하도록 한 코인이다.

- 현금보다 쉽고 더 안전하다.

- 개인키의 분실은 쉽게 복구가 가능하도록 설계되었다.

- 가정용 PC에서 누구나 거래 확인을 할 수 있다.

- 비트코인의 문제점을 극복한 코인이다.

- CPU 채굴로 설계(작업증명PoW) 되었다.

- CPU 작업증명은 쉽게 ASiC 등으로 대체가 가능해진다.

- 전기가 많은 곳에 대형채굴자가 분산 합의된 네트워크의 탈중앙
  화를 약화시킨다.

- 전력소비대량발생 /- 전자폐기물 발생 /- 탄소발생 등의 문제가 발생한다.
- 이더리움 등 기타 코인의 문제점을 극복할 수 있다.
- 이더리움은 스마트 컨트랙트에 열악한 보안 문제가 있다.
- 리플은 비공개 '인트라넷'을 활용, 구 DB시스템에서 잇점이 거의 없다.

□ 치아코인의 주요 경쟁력

- 비트코인의 모든 단점을 극복할 수 있다.
- 이더리움의 모든 단점을 극복할 수 있다.
- 리플의 모든 단점을 극복하고 탄생한 3세대 암호화폐가 바로 치아 코인이다.
- PoST 알고리즘으로 남는 HDD공간 활용, 전력낭비를 방지할 수 있다.
- 투명성을 높이고, 규제를 수용, 공개적 동의를 제공하기 위해서 기업을 상장할 예정이다.
- 프로그래밍이 가능한 디지털화폐로 은행, 정보, Defi, 해외송금 등에서 사용이 가능한 금융기술을 구축한다.
- 현금, 주식, 선물, 디지털 화폐 등이 하나로 연결되어 서로 간의 장벽이 무너져야 하는데 안전하고, 예측 가능한 방식으로 신뢰가 없

어도 시장을 이용할 수 있도록 해야 한다.

- 치아코인은 기존 암호화폐의 문제점을 극복한 3.0 세대에서 이용되었다.

- 환경문제를 고려해서 전력소비를 줄였다.

- 환경폐기물을 줄였고, 탄소배출을 줄였다.

- 치아코인은 암호화폐 3.0세대 Digital Green Currency이다.

□ 치아 코인으로 인해 하드디스크 가격 급격히 요동

- 중국에서 치아코인 채굴이 급속히 확산되었다.

- 채굴이 아닌 경작Farming이라고 표현되었다.

- 치아코인의 수는 2,100만 개다.

- 반감기: 4년을 주기로 함.

- 현재는 중국에서 채굴을 전면적으로 금지하고 있어 상대적으로 다른 나라 채굴에서는 유리하게 작용한다.

- 치아코인은 2021년 3월부터 채굴되기 시작했다.

- 미국 거래소에서 거래가 시작된 것은 5월부터이다.

- 한국에는 아직 거래소에 상장되어 있지 않다. 하반기에 상장될 것으로 예상하고 있다.

▲ 중국의 치아 코인 채굴 관련 기사

□ 채굴방법의 차이(치아코인=친환경적 채굴)

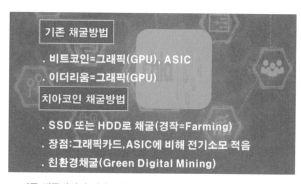

▲ 기존 채굴방법과 치아코인 채굴방법의 차이

- 비트코인이나 이더리움을 채굴하려면 그래픽카드나 ASiC칩의 전
  문채굴장비가 필요하다.

- 개인은 채굴하기가 어렵다.

- 전력소모가 많고 탄소배출이 많다.

- 화재의 위험성도 있다.

- 비 친환경적이다.

- 탈중앙화의 정신에 어긋난다.

- 기업형의 전문 집단만이 할 수 있다.

- 반면 치아코인은 SSD, HDD를 사용하기 때문에 누구나 할 수 있다.

- 탈중앙화의 정신에 맞다.

- 전력소모가 적고 탄소배출도 적다.

- 화재의 위험이 없다.

- 친환경적이다.

- 친환경 그린암호화폐Digital Green currency라고 불리기도 한다.

□ 프롯과 치아코인 채굴방법

PLOT(프롯)?

. 가장 작은 단위=1,014GB(k=32기준) 생성
. 플롯당 임시공간 239GB필요하며 1.4TB 발생
. Write량이 많으니 빠른 NVME SSD(m.2)를 임시공간
으로 사용
. 1PLOT생성시간:SSD=6-10시간,HDD=3-4일
. RAM소요는 1PLOT당 4GB필요
. PLOT을 한번에 여러 개 생성하여 병렬처리가능

치아코인 채굴방법

. Plot을 생성한다(SSD역할)
. Plot의 개수에 맞게 파밍(채굴)이 진행됨(HDD역할)
. PLOT을 많이 형성해 놓으면 해시레이트증가 효과
. PLOT개수=해시레이트(채굴에 영향)

- 비트코인이나 이더리움과 다르게 전력소모도 적다.

- SSD와 HDD를 활용해서 누구나 채굴할 수 있다.

- PLOT을 병렬로 처리가 가능하다. 그래서 채굴이라고 하지 않고
  경작Farming이라 한다.

- 지금까지의 채굴과 다른 개념으로 친환경개념이다.

- 시공간으로 작업증명하는 방식이다.

- 스토리지 공간을 활용한 채굴이다.

- 친환경적 채굴이다.

□ 치아코인 개발배경과 기존화폐의 문제점

치아코인 개발배경

. 비트코인은 블록체인의 혁신 디지털머니
. 이더리움은 스마트컨트랙트가 가능한 플랫폼
. 하지만 모두 문제가 있다
. 현금보다 쉽고 더 안전하게
  - 개인키의 분실은 쉽게 복구가능해야 한다
  - 가정용 PC에서 누구나 거래 확인가능해야한다
. 누구나 가정에서 채굴할 수 있어야 한다
  - 대규모의 채굴업자가 아닌 누구나 가능해야
. 더 빠르고 안전한 개인의 은행 시스템 구현

기존화폐 문제점

. 비트코인의 문제점
  - GPU채굴로 설계(작업증명)
  - GPU작업증명은 쉽게 ASiC으로 대체 가능
  - 대형채굴자가 분산 합의된 네트워크의 탈중앙화 약화시킴
  - 고전력소비, 전자폐기물, 탄소발생, 화재등 문제발생

. 이더리움 등 기타 코인의 문제점
  - 이더리움은 스마트 컨트렉트에 열악한 보안문제있음
  - 리플은 비공개 '인트라넷' 을 활용, 구 DB시스템에서 잇점
거의 없음
  - 개방된 퍼블릭 블록체인의 긍정적인 네트워크 효과가 감쇄됨

- 비트코인은 작업증명 방식으로 결제하는 데 10분 이상 걸린다.

- 그래픽카드GPU로 채굴하기 때문에 전력소모가 많다.

- 개인키의 분실로 영원히 잃어버린 금액이 25조에 이른다.

- 작업증명 방식이라 대형채굴업자에게 합의권한이 많아지면서 탈중앙화가 약해진다.

- 이더리움은 ASic칩으로 채굴하기 때문에 전력소모가 많다.

- 이더리움은 열악한 보안문제가 있다.

- 개인 암호를 잃어버리는 문제가 있다.

- 비밀번호 잃어버려서 날아간 것이 25조 원 정도

□ 암호화폐의 문제점

□ 치아코인의 경쟁력과 치아코인의 장점

치아네트워크 소개

- 브램 코헨(Bram cohen)이 설립
- 브램 코헨은 비트토렌트 개발자
- 2017.8.1일 데라웨어주에서 설립
- 치아코인을 활용하여 글로벌 오픈소스 분산 네트워크로 보다 효율적이고 안전한 블록체인으로 사용가능
- 캘리포니아, 샌프란시스코에 본사를 두었고,
- 현재 21명의 직원, 15명의 고문
- 연구개발 16명, 회사관리,사업계획 5명

치아코인의 경쟁력

- PoST알고리즘으로 남는 HDD 공간활용 전력낭비 방지
- 투명성을 높이고, 규제를 수용, 공개적 동의를 제공하기 위해서 기업상장 예정
- 프로그래밍이 가능한 디지털화폐로 은행, 정보, Defi,해외송금 가능한 금융기술 구축
- 현금, 주식, 선물, 디지털화폐 등이 하나로 연결되어 서로간의 장벽이 무너져야 하는데 안전하고 예측가능한 방식으로 신뢰가 없어도 시장을 이용할 수 있도록 해야함
- 치아는 Digital Green Currency(디지털 녹색화폐)

치아코인의 장점

- 전기소모가 적은 친환경적인 블록체인(코인)
- 비트코인의 단점을 보완하기 위해서 만든 코인
- 이더리움의 단점을 보완하기 위해서 만든 코인
- BTT(비트토렌트)를 만든 개발자가 만든 코인
- Mining(채굴)이 아니라 Farming(경작)
- ETF상장등 상거래에서 사용되는 암호화폐로 자리잡을 수 있도록 활동할 것

- 치아코인이란 비트코인과 이더리움의 모든 문제를 극복한 코인이다.

- GPU, ASIC칩 대신 SSD, HDD를 사용해 전력소모가 적은 친환경 디지털 화폐이다.

- 파일코인처럼 HDD공간을 활용하는 것이 아니라 해시레이트의 증가를 위해서 사용하는 것이다.
- 비트코인의 개인비번 분실 시 복구가 가능하다.
- 비트코인처럼 4년 반감기와 2,100개로 한정되어 인플레이션을 극복한다.
- 2024. 3월까지 채굴량이 많을 때 채굴을 하면 추후 가격형성 시 큰 수혜가 기대된다.
- 소프트웨어 개발 천재 중의 천재로 알려진 브램 코헨이 개발한 코인이다.
- 브램 코헨은 그 유명한 비트토렌트를 개발한 사람이다.
- 현재까지 개발된 블록체인 중에 최고의 기술로 평가받는다.
- 비트코인, 이더리움, 리플 등 모든 문제점을 극복한 코인이다.
- 암호화폐 3.0 = Digital Green Currency

□ 치아네트워크의 역사

- BPASE18에서 논문을 게시하여 36억 원의 시드를 확보.
- 2018년 5월 Eurocrypto2018에서 최고의 논문상을 수상.
- 2018년 8월 최초로 오픈소스 라이브러리를 출시.
- 타사 개발자의 참여(기여)를 얻어냈다.
- 이더리움 2.0, Dash 등이 기여하고 있음.

- Filecoin 및 Algorond 등에서 새로운 기술일부를 채택했다.

- 2019년 1월 개발자 유치를 경쟁이벤트로 삼았다.

- 대회 이후 VDF(검증가능한 지연기능)의 알고리즘 구현, 속도가 4배가 빨라지는 성과를 얻고, 해당 참가자 1명을 고용, 우승자와는 계약을 체결했다.

- 2019년 7월 Proof of Space 소프트웨어를 출시(임시특허신청)했다.

- 2019년 12월 Chialisp의 알파지갑 그리고 치아 네트워크의 테스트넷 블록체인 알파구현을 발표했다.

- 2019. 4월 테스트넷에서 전체지갑기능, 트랜잭션 및 스마트코인을 포함한 블록체인 베타를 출시했다.

- 2020년 7월 IETF BLS 서명표준을 구현, 그것으로 PoST구현을 마무리한다.

- 2020년 하반기 많은 하드포크로 발전.

- 2020년 11월 새로운 합의 알고리즘 아이디어 논문을 발표.

- 2021년 3월 19일 메인넷을 출시.

- 2021년 5월 3일 거래를 활성화.

- 스마트코인이란 무엇인가?

Chialisp(스마트코인)

. 다중서명, 여러명이 서명하여 지갑을 어떻게 쓸지 제안/사용가능
. 화이트리스트 기능으로 승인된 주소로만 지불가능하게 설정가능
  - 월급을 주거나, 해킹 방지 목적으로 사용가능
. 송금시간지정 기능으로 이중지불 방지 및 에스크로 등으로 활용
가능함
. 컬러코인으로 Chia 네트워크 상에서 온체인 코인을 발행가능함
  - 치아 네트워크를 사용하는 것을 숨길 수 있음
  - Defi에 활용가능함
. KYC/AML로 디지털 신원인증 기능으로 스테이블 코인 발행도
가능

- 왜 치아코인인가?

- 유휴 CPU를 활용하는 것은 ASiC의 출현으로 에너지 소비가 심해졌으나, HDD는 전기소비도 적고 채굴이 끝나면 저장공간으로 재활용 가능.

- 공간증명은 조회 시간이 오래 걸리지 않으며 공격으로부터 보호받기 위해 시간증명 또한 사용하여 보안에 강하다.

- 비트코인과 동일하게 10분당 32의 블록이 완료되도록 자동으로 속도(난이도)를 조절한다.

- Chialisp라는 컴퓨터 언어로 스마트코인 구현가능, 보안과 단순성을 위해서 설계된 언어이고 은행, 결제 등의 금융 쪽에 적합.

- 감시 가능한 방식으로 허용수준의 실수로 인한 손실(비번),도난, 해킹으로부터 자금보호.

- 현재 다중서명, 아토믹스왑, 수취인 화이트리스트, 요금 제한지갑, 컬러코인 등 다양한 스마트트랜잭션 구현 가능.

- 2024년 3월까지는 채굴의 결정적인 기회다.

- 출시 6년이 지나면 총 42%의 코인이 채굴된다.

- 처음 2,100만 개는 Chia Network에서 보유하고 있다.

- 채굴로 2,100만 개는 21년이 지나야 채굴되고 총 치아 개수의 50%가 달성된다.

- 2012년 이후 4개/10분, 치아코인이 생성되어 인플레이션은 출시 후 25년 후 0.5%까지 줄어들어 인플레이션 걱정은 없다.

- 치아코인은 다분히 비트코인을 따라 하는 전략이다.

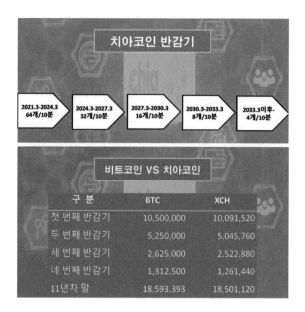

치아코인 반감기

2021.3-2024.3 64개/10분	2024.3-2027.3 32개/10분	2027.3-2030.3 16개/10분	2030.3-2033.3 8개/10분	2033.3이후- 4개/10분

비트코인 VS 치아코인

구 분	BTC	XCH
첫 번째 반감기	10,500,000	10,091,520
두 번째 반감기	5,250,000	5,045,760
세 번째 반감기	2,625,000	2,522,880
네 번째 반감기	1,312,500	1,261,440
11년차 말	18,593,393	18,501,120

- 비트코인보다 친환경적으로 채굴되지만 채굴의 전략은 비트코인
  을 따라 하고 있다.

□ 치아네트워크의 전략

- 거래소에 치아네트워크를 상장하여 전략적 준비금(2,100만 개)을 투
  명하게 관리할 예정.
- 기존의 재단개념의 코인 지원이 아니라 기업형태로 Public 블록체
  인을 지원하는 것이 더욱 더 효과적일 것.
- 네트워크는 탈중앙화되어 있기 때문에 회사의 존재와는 별도로

작동되고 거래가 될 것.

- 회사는 직접 채굴을 할 계획이 없음.

- POS와 다르게 코인의 소유로 거버넌스와 검증에 영향을 끼칠 수 없음.

- 스위스에 유럽 자회사를 설립했고, 아시아는 싱가포르에 할 예정임.

- 치아네트워크에서 보유한 XCH코인은 스위스 자회사와 균등하게 분배됨.

- 단일 주주가 전략적 준비금(보유코인)을 컨트롤 할 수 없도록 할 것임.

- 90일전에 대중에게 통지 없이 코인 매각을 하지 않을 것.

- 회사는 주주에게 치아코인 배당 및 코인으로 주식 구매를 하지 않을 것임.

- 전략적 준비금의 사용 방법과 시기에 대한 통제를 통해 대기업과 정부와 같은 고객에게 신뢰를 줄 것임.

- 전략적 준비금의 일부를 사용자, 채굴업자, 개발자 등이 소유할 수 있기를 바람.

- 모든 투자자에게 전략적 준비금에 대한 접근을 허용하는 것이 장기적인 성공과 디지털화폐의 광범위한 배포에 모든 사람의 이익을 조율할 수 있을 것이라고 봄.

□ 전략준비금 통제

전략준비금(2,100만개) 통제

. 총 5인(사회이사 3명)으로 이사회를 구성할 예정
. 과반수 이상 찬성해야 준비금 사용 결정 가능
. 이사회의 변경사항은 최소 90일 동안 공지
. 세계적으로 치아의 채택이 늘어나고 국가에서 채택할 경우는 통제 및 집행 구속력 더욱 강화

- 전략적 준비금의 치아를 판매하지 않는다. 제3자에게 양도하는 계약을 체결하지 않는다.

- 기존의 투자자는 특정한 경우에 치아코인의 시장가격을 기준으로 이익금 없는 투자금을 상환받을 수 있다.

- 회사는 정직원, 계약직, 임원, 이사 등에게 치아코인을 보상하지 않는다.

- 회사는 메인넷에서 채굴을 하지 않는다.

- 전략준비금은 채굴하는 사람들, 사용자들과 치아코인의 기능을 향상시키는 데만 사용되어져서 보유자와 채굴자들에게 절대 유리하게 작용할 것으로 기대됨.

□ 전략준비금 사용목적

전략준비금 사용목적

· 자산발행, 국제송금, 다양한 디지털 화폐교환 등에 유동성 제공을 위해서 정부, 금융기관, 마켓메이커 등에게 치아코인을 대출
· 주식 상장 이후 주식환매 또는 주주 배당금과 같은 주주 활동에 치아코인을 활용할 것
· 치아코인의 기능과 기술을 확장하기 위해서 유망 프로젝트에 투자
· 채굴보상을 추가하거나 개발장려금으로 콘테스트상금 등으로 사용

- 회사에서 보유하고 있는 전략적 준비금은 2,100만 개.

- 치아코인의 기능과 기술 확장을 위해 사용하면 코인보유자의 이익이 증대되는 효과가 있음.

- 채굴하는 사람에게도 유리하게 사용되어질 계획이다.

- 회사의 전략적 준비금으로 치아코인을 보유하거나 채굴하는 사람들의 이익을 위해 사용한다는 것이 고무적이다.

- 치아코인의 기능과 기술을 확장하기 위해서 유망 프로젝트에 투자하여 치아코인 보유자에게 유리하게 작용.

- 채굴하는 사람들에게 채굴보상을 추가하거나 개발 장려금으로 콘테스트 상금 등으로 사용하여, 채굴하는 사람들의 어려움을 적극적으로 도와줄 것으로 기대됨.

- 비트코인, 이더리움 채굴보다는 훨씬 유리한 프로모션을 받을 수 있음.

□ 회사의 경쟁력이 곧 사람이다

① 창시자: Bram Cohen

Bram Cohen

· 최고 경영자 겸 설립자, 2017년 8월~현재
· 비트토렌트 개발자로 2009년 비트토렌트는
  인터넷 트래픽의 43~70%를 차지
  지금은 21% 사용하고 있음
· 액체 불소 토륨 원자로 (LFTR)를 개발하는 회사, Flibe Energy의 고문
· 퍼즐 디자이너

② 운영자: Gene Hoffman

Gene Hoffman

· 최고 운영 책임자 겸 사장, 2019년 12월~현재
· 이전에는 고문이사회 고문 2017~2019년
· 3개의 회사를 설립 후 Amdocs에 매각
  - PGP, Inc.
  - Vindicia
  - Vivendi-Universal
· 공공 및 민간 분야에서 1억 5천만 달러 펀딩 이력

③ 재무책임자: Mitch Edwards

Mitch Edwards

· 최고 재무책임자 및 법률 고문, 2019년 1월~현재
· Edward는 재무 및 법률 부서를 이끌고 있음
· 공공 및 사설 인터넷 기술 그리고 블록체인 회사의 최고경영자로 경험이 있음
· 2015~2017년 나스닥 상장기업 Overstock.com(OSTK)에서
  CEO 대행 및 법률 고문을 역임
· 블록체인 M&A를 감독함
· 블록체인 증권거래소 t-Zero Exchange 개발
· 글로벌 PC게임 회사 Razer의 최고 재무책임자 겸 법률 고문, 2012~2014
· 비트토렌트의 CFO 및 GC를 역임

④ 금융기술 재무: Chuck Stoops

Chuck Stoops

· 20년 경력의 금융 기술 베테랑
· 2004년 Paypal 2등의 멤버로 재무팀 합류
  - 싱가포르 투자 계획 및 협상
  - 룩셈부르크에 페이팔 유럽은행 설립 등 국제시장 확장에 도움
· 2009년 말 Skype의 재무팀 합류하여 Microsoft에 성공적 판매 지원
· 2012년 넷플릭스의 첫 외국인 고용으로 합류
  - 룩셈부르크에서 암스테르담으로 유럽 사업장 확장에 유럽의 재무책임자로 근무
· 2013년 Paypal 복귀하여 유럽고문으로 데이터 보호 및 개인 정보 책임자로 활동
· 2014년 말에는 일본 라쿠텐에 합류하여 유럽 자문을 제공
· Viber, Kobo, eBay, BlackBerry(RIM), Skype 등 이사회 이사로 재직

대표 알트코인
(비트, 이더, chia외 7개) 소개

□ **파일코인**(Filecoin)

◀ 파일비트코인의 로고

- 파일코인을 알기 위해서는 기존의 인터넷 작동 방식을 먼저 이해
  해야 한다.
- 인터넷을 통해서 전 세계의 컴퓨터가 서로 연결이 되어 정보를 교
  환할 수 있는 하나의 거대한 컴퓨터 통신망 즉, 인터넷에서 웹서버
  와 사용자의 인터넷 브라우저 사이에 데이터를 전송하기 위해서
  http 혹은 https로 시작하는 링크를 사용한다.
- 이것을 하이퍼텍스트 전송 방식이라고 한다. 하이퍼텍스트 방식

은 수많은 데이터를 아마존이나 마이크로소프트 등이 운영하는 중앙서버에 저장하여, 여러 사용자를 연결한다. 하지만 이렇게 집중된 중앙화 서버는 해킹, 다운, 프라이버시, 전송속도, 데이터 복구의 어려움, 저장용량 등의 문제들이 존재한다.

예를 들어, 해당 서버에 장애가 생길 경우, 사용자의 불편은 말할 것도 없고, 데이터가 삭제되기라도 하면 영구적으로 없어진다. 게다가 해외 서버의 경우, 거리만큼 느려지면서 접속이 어려운 경우까지도 생긴다. 이러한 문제를 해결하기 위한 방법이 바로 분산형 파일시스템 IPFS[1] 이다.

- 차세대 웹 프로토콜로 기대되고 있는 IPFS는 시스템에 참여한 모든 노드들이 유기적으로 네트워크에 참여해서 유지하고 있기 때문에 몇몇 노드에 문제가 생겨도 연결이 끊어지지 않는다는 장점을 가지고 있다.

- 또한 데이터를 IP주소에 저장하지 않고 콘텐츠 자체에 저장하기 때문에 데이터 탐색도 쉽고 가까운 저장소부터 조회해서 모든 데이터에 빠르게 접근할 수 있다.

- 후안 베넷의 프로토콜랩스가 IPFS를 창시한 후 생태계 유지를 위한 인센티브용으로 개발한 코인이 바로 파일코인이다.

- 자신의 하드 디스크를 온라인상에 임대해서 데이터를 저장해 주거나 배포해주면, 그에 대한 보상으로 파일코인을 받게 되는 것이

---

1. IPFS(InterPlanetary File System)는 분산 파일 시스템에 데이터를 저장하고 공유하는 프로토콜 및 피어 투 피어 네트워크이다.

다. 개인은 파일코인을 사용해서 제3자의 컴퓨터에 있는 하드디스크 공간을 활용. 파일을 저장, 탐색을 할 수 있다. 즉, 파일코인 네트워크에서 공급자와 수요자가 데이터 저장 공간을 파일코인으로 거래하는 것이다.

□ 리플(Ripple)

◀ 리플(Ripple)의 로고

- 리플은 은행 간의 비효율적인 송금 방식에 대한 솔루션으로 제작되었으며, 리플넷Ripple Net이라는 블록체인 네트워크를 사용해 중앙은행이나 정부를 거치지 아니하고 은행 간의 거래가 이뤄지는 시스템이다. 이처럼 중간 관리자의 간섭이 없는 이점 덕분에 스탠다드 차타드, 유니크레딧, 일본 최대 은행인 MUFG(미쓰비시UF) 등여러 회사가 리플넷에 가입했고, 2017년엔 아메리칸 익스프레스, 2018년엔 미국 10대 은행 중 하나인 PNC뱅크가 리플넷 가입을 선언했다.
- 리플의 장점은 송금 속도에 있다. 해외 송금이 예전에 통상 2-3일 정도 걸렸다면, 리플넷은 27개국 간 글로벌 송금이 실시간으로 이루어질 수 있도록 한다. 기타 다른 암호화폐와 다른 점이 있다면

채굴이 아닌 합의로 암호화폐가 발행된다는 점이다. 암호화폐 거래소에선 XRP라는 이름으로 거래가 되고 있으며 2019년 하반기 기준 시가총액 약 120억 달러로 전체 코인마켓에서 3위를 기록 중이다.

□ 테더(Tether)

◀ 테더(Tether)의 로고

- 테더 리미티드Tether Limited라는 독자적인 기관에서 발행되는 '스테이블 코인'이다. 스테이블 코인은 앞에 언급된 코인들과는 조금 다른 유형의 암호화폐라 볼 수 있는데, 암호화폐를 기존의 화폐나 실물자산과 연동시켜 가치의 안정성을 보장해 준다. 1테더는 원칙적으로 항상 1달러의 가치를 가진다.
- 달러를 금에 고정하는 금본위제와 유사한 형태이다. 이러한 안정적인 가치로 여러 암호화폐 거래소에서 기축통화와 같은 역할을 하고 있기도 하다. 최근 들어 회계 감사 논란, 암호화폐 시세 조작 의혹 등 여러 가지 이슈가 있었다. 그런데도 2019년 하반기 기준 스테이블 코인 시가총액 부동 1위 자리를 지키고 있다.

□ 이오스(EOS)

◀ 이오스 로고

- 이오스는 이더리움과 유사하게 디앱 지원을 위하여 개발된 네트워크이자 플랫폼이며 2세대 블록체인이라 알려져 있다. 초기에는 이더리움을 기반으로 개발이 되었으나 2018년 6월 자체 메인넷(독자적인 플랫폼)을 런칭했다.

- '이더리움 킬러'라고도 불리기도 하는데 이더리움의 높은 수수료와 느린 처리 속도 등을 해결하기 위한 대안으로 평가받기도 했다. 이오스의 가장 큰 특징 중 하나는 바로 네트워크가 운영되는 방식, 즉 거버넌스Governance이다.

- 이오스에서는 코인 보유자들이 투표를 통해 블록 생성자를 직접 선출한다. 전체 네트워크로부터 합의를 도출하는 방식은 아니다. 선출된 소수의 대표노드만 합의 과정에 참여하고, 이를 통해 처리 속도를 혁신적으로 개선할 수 있었다. 대다수의 암호화폐와 달리 이오스에서는 분쟁 조정이 가능하다. 이오스는 2019년 10월 기준 시가총액 3조 원 대를 기록하고 있으며 시가순위 TOP10 안에 지속해서 이름을 올리고 있다.

□ 라이트코인(Litecoin)

◀ 라이트코인(Litecoin) 로고

- 라이트코인은 구글의 전 소프트웨어 엔지니어였던 찰리 리^{Chaeles} Lee가 2011년 10월 7일 공개했다. 비트코인 프로그램 코드는 오픈소스였는데 이 소스를 응용하여 만들었다. 2019년 하반기 기준 시가총액 TOP10에 들어가는 메이저 알트코인 중 하나다.

- 라이트코인과 비트코인의 차이는 속도와 효율성에 있다. 비트코인이 10분당 하나의 블록을 생성한다면 라이트코인은 2분 30초당 하나의 블록을 생성하는 게 가능하다. 즉 거래의 속도가 4배 정도 빨라진다는 것을 의미하는 것이다. 또한 라이트코인은 총 8,400만 개의 코인을 발행하는데 이는 2,100만개의 비트코인보다 4배가량 더 많은 것이다.

- 그래서 많은 사람은 라이트코인이 비트코인보다 일상생활에서 좀 더 쓰임새가 많아질 것이라 예측했다. 하지만 라이트코인 기반의 결제 시스템인 라이트페이^{LitePay}가 무기한 연기되며 재단의 운영 능력이 도마 위에 오른 바 있다.

□ 대시(Dash)

◀ 대시(Dash) 로고

- 대시는 2014년 1월에 최초 발행되었으며, 기존엔 Xcoin, Darkcoin 으로 불렸으나 2015년 3월에 대시로 이름이 정해졌다. 대시 코인 의 특징은 즉각성, 개인 정보, 보안성 등으로 표현된다. 매우 안전 하게 만들어진 코인이며 사용 기록과 잔고 등 많은 부분이 공개되 지 않는다. 또한 대시는 어디서든 쉽게 사용할 수 있다는 것이 장 점이다. 실제로 오픈소스플랫폼에서 온·오프라인 결제가 실시간 으로 가능하다.
- 대시는 최종 공급량이 2,250만 개인데 매년 7.14%씩 발행량이 줄 어드는 구조로 이루어져 있으며, 홈페이지에는 대시를 사용할 수 있는 곳들이 소개되어 있다.

□ 모네로(Monero)

◀ 모네로(Monero) 로고

- 모네로는 2014년 4월에 개발된 암호화폐로 가장 큰 특징은 완벽에 가까운 익명성을 보장해 준다는 것이다. 모네로 내에서 거래가 이루어지면 특정 그룹 내에서 거래 내역들이 섞이게 되어 자산이 어디에서 왔는지 알 수가 없다.
- 이처럼 여러 거래가 섞이게 되는 모네로의 경우 비트코인보다 더 완벽하게 익명성을 보장해 준다. 이 때문에 인터넷을 통한 마약 거래 같은 사이버 범죄에 이용되어 부작용들이 속출할 수 있는 우려도 제기된다.
- '양날의 검'이라는 말이 있다. 어떤 일을 행하는 데 잘 쓰면 본인에게 이롭지만, 그렇지 못할 경우 해가 되는 상황을 나타낼 때 쓰는 말이다. 암호화폐도 마찬가지다. 잘못 쓰면 자신뿐 아니라 타인에게도 피해를 주지만 적절하게 쓰면 우리의 삶을 개선하는 사회적. 경제적 도구의 역할을 훌륭히 해낼 수 있다. 암호화폐, 치열하게 고민하고 현명하게 활용하자.

□ 비트토렌트

◀ 비트토렌트 로고

- 토렌트는 혁신적인 파일 공유 시스템이었지만, 파일을 다운로드

완료한 이후에는 시드를 계속 유지하여 다른 사람들과 파일 공유 혜택 공유할 유인이 존재하지 않았다. 비트토렌트는 트론 네트워크를 이용한 BTT토큰 발행 및 프로그램 통합을 통해 원활한 시드 유지에 대한 동기를 제공하고자 하였다. 더불어 유저들은 희소성 높은 자료의 시드를 유지할 때 보다 큰 보상을 받게 되며, 토큰을 사용하지 않는 유저들 또한 증가된 시드들로 인해 기존보다 더 빠르고 다양한 파일들을 공유받을 수 있게 된다.

- P2P다운로드 프로그램.
- 개인 간 파일 공유 프로그램.
- 비트토렌트는 음악, 영화, 문서 등 다양한 데이터 파일을 인터넷에서 P2P방식으로 전송하고 공유할 수 있는 통신프로토콜서비스이다.
- 비트토렌트는 미국의 천재 소프트웨어 개발자 브램 코헨이 개발한 프로그램으로 전 세계 138개국 1억 명의 활성화된 사용자와 20억 명의 일반 사용자를 보유한 P2P시장에서의 애플과도 같은 존재이다.

암호화폐(비트코인)가
상승할 수밖에 없는 이유

1. 가격은 수요공급의 원칙에 의해 결정

- 비트코인의 공급량은 2,100만 개로 정해져 있다.

- 4년마다 채굴량은 반씩 줄어들어 공급량이 점점 줄어든다.

- 개인암호 분실로 사라진 비트코인이 25조 원어치다.

- 비트코인을 보유하고만 있고 유통하지 않는 량이 점점 늘어나면
  서 시장에서 유통되는 비트코인의 수량은 계속 감소한다.

- 반면 세계 지하금융이 20%쯤 되는 상황에서 비트코인의 디지털
  자산Digital Gold으로서의 수요는 계속 증가하고 있다.

- 그러므로 비트코인은 일시적인 외부환경에 의해 굴곡이 있을 수
  는 있으나 긴 호흡으로 보면, 시대흐름 상으로 상승할 수밖에 없는
  운명을 갖고 있다.

2. 공급부족현상: 중국의 암호화폐 장외거래 집중단속

- 2020년 5월 비트코인 반감기 : 4년마다 공급 1/2씩 줄었다.

- 중국 채굴자 암호화폐 현금화 채널 동결함.

- 중국 채굴풀의 74%가 암호화폐 현금화 차질 있음.

- 공급부족과 수요증대 동시 발생함.

3. 인플레이션 헷지(Hedge) 수단으로서 비트코인 수요증가

- 코로나19로 인해 경기를 부양하느라 모든 나라가 돈을 찍어 마구 뿌리고 있다. 미국의 경우는 엄청난 양의 달러를 찍어 뿌리고 있어, 달러의 가격이 구조적으로 하락하고 있으며, 물가의 상승으로 인플레이션이 우려되고 있다. 그러므로 인플레이션 헷지수단으로 금과 비트코인, 부동산이 주목받고 있다. 그러나 구조적으로 부동산은 투기억제로 묶여가고, 달러의 반대편에 있는 금의 상승도 정부의 통제로 상승하지 못하고 있어 자연스럽게 디지털금인 비트코인, 암호화폐로 돈이 몰려들고 있다. 인플레이션은 인류가 발전하는 이상 같이 커가는 것이기 때문에 비트코인은 구조적으로 오를 수밖에 없다.

4. 제도금융권(기관투자자), 가상자산 시장 진입 확대

- 헤지펀드 등 기관투자자, 가상자산 투자증가(88% 비중), 자산 가치 인정.

- 디지털자산 운용사 그레이스케일 GBT(신탁펀드), 비트코인 보유량

52만 개(2020.11 기준).

- 은행 가세: JP모건은행, 2020.5월 메이저 은행 최초로 가상자산거래소(코인베이스와 제미니)에 은행 서비스 제공(실명계좌 개설 허용).

- 기업 가세: 상장기업 마이크로스트래티지 자사 포트폴리오 일환으로 2차에 걸쳐 비트코인 4억2500만 달러어치 구입(38,250개 취득) → 주가 상승(시장 긍정반응).

- 미국에서 3,200만 명 정도의 개인들이 비트코인에 투자하고 있다.

5. 페이팔 효과

- 페이팔paypal의 암호화폐 거래지원 소식에 10월에만 30% 급등.

- 온라인결제 기업인 페이팔이 비트코인과 이더리움, 라이트코인, 비트코인캐시 등 4종의 암호 화폐로 결제하는 시스템을 내년부터 지원.

- 2,600만 개 페이팔 가맹점에서 암호화폐로 결제하면 이를 통화로 환전해 전송 결제하는 방식임. 페이팔이 암호화폐와 실제 화폐를 환전해 거래 중개.

6. 바이든 효과

- 저금리 기조(2023년까지 제로금리) 유지.

- 재정 확대로 유동성 급증.

- 달러 가치하락.

- 실질 인플레이션 증가.

- 부자증세.
- 조 바이든, 암호화폐 분야에 정통한 게리 겐슬러 전 상품 선물거래 위원회 위원장을 은행 및 증권 규제 검토하는 경제팀장으로 임명.
- 이 밖에도 디지털화폐와 블록체인 기술이 금융에 미칠 영향에 대해 연구하고 있는 MIT슬론 경영대학원 사이먼 존슨교수, 리브라 프로젝트 의회 청문회 증인으로 나섰던 조지타운 대학교 국제경제법 연구소 크리스 브루머 교수, 금융위원회 청문회에서 블록체인 및 가상자산 규제 프레임워크 필요성을 주창한 캘리포니아대 메흐사 바라다란 교수, 디지털달러 개념의 창시자 중 한 사람인 레브 메난드 콜럼비아대 교수 등이 바이든 경제팀에 포진.
- 바이든정부, 법인세 7%인상과 장기보유주식에 대한 양도세 증가.
- 장기보유 주식 양도세 : 23.8% → 39.6%
- 주식자금 일부 암호화폐로 이동.

7. 자사주 매입 감소

- 그동안 기업들은 트럼프 대통령의 법인세 감세에 따라 얻은 잉여현금으로 바이백buy back(자사주 매입)을 해 주식가격을 부양.
- 바이백은 그 회사 스스로가 판단하기에 현재의 주가가 지나치게 낮다는 것을 의미하기 때문.
- 하지만 증세안이 현실화될 경우 바이백의 매력도가 떨어짐. 바이백은 기업이 남는 유보금으로 자사주를 매입해서 자사 주식가치를 부양하는 행위임.

- 미국 브룩스 통화감독청장, 기존 금융과 가상자산 융합추진.

- 2019년 12월 독일, 은행에 가상자산 보관사업(수탁사업, 커스터디) 허용.

- 2020년 7월 미국 은행의 암호화폐 보관사업 허용.

- 특별허가제(은행 라이선스)통해 암호화폐 거래소의 은행화 추진.

- 2020년 9월 크라켄 가상자산거래소 은행 라이선스 획득.

- 2020년 10월 페이팔 가상자산 매매서비스 시작.

- 2020년 10월 싱가포르 DBS은행 디지털자산 거래소 준비.

8. 법정디지털화폐(CBDC) 도입되면 암호화폐 사용증가

- 양성화할 수 없는 지하자금 상존.

- 패권적 지위를 추구하는 달러나 CBDC와 달리 비트코인을 세계 화폐로 인식.

- 중국을 선두로 전 세계의 중앙은행들이 2021년 여름을 기점으로 CBDC(법정디지털화폐)를 발행해서 시장을 대상으로 실험을 할 예정이고, 중국은 이미 여러 도시에서 성공적인 디지털화폐 실험을 마침.

- CBDC(법정디지털화폐)가 전 세계적인 추세가 되면 암호화폐는 전 세계적인 추세로 일반화될 것임.

9. 암호화폐는 규제나 통제가 쉽지 않다

- 암호화폐의 태생부터 탈중앙화된 분산된 개인들의 컴퓨터에 의해서 신뢰성을 확보하기 때문에 규제의 대상이 없고, 통제가 거의 불가능하여 강제적으로 가격을 조정하기가 어렵다. 전 세계에 수천

개의 암호화폐가 있으며 수백 개의 암호화폐 거래소가 있다.

- 정부가 인위적인 통제나 규제를 가하기가 쉽지 않다.

10. 디파이(DEFi) 시장의 발전은 암호화폐의 발전

- 디파이시장의 비약적 성장(26배)으로 스테이블코인 200억 달러 돌파 → 스테이블코인 사려면 비트코인 필요함.
- 제로금리 시대의 디파이 등장함.
- 디파이시장의 금리가 시중 금리보다 더 높아서 자금이 디파이 시장으로 몰리고 있음
- 디파이 시장은 기본적으로 암호화폐를 가지고 진행하는 금융임. 디파이시장이 발전한다는 것은 암호화폐시장이 발전한다는 것을 의미함.

11. 모든 자산시장의 토큰화(디지털화), 암호화폐의 발전

- 모든 자산의 디지털 토큰화.
- 부동산, 예술품, 무형의 자산도 모두 디지털 토큰화 가능.
- 모든 자산의 NFT화.
- NFT시장이 엄청난 속도로 발전하고 있다.
- 모든 자산이 디지털화되면 암호화폐도 같이 발전한다.

12. 금융권, 스테이블코인으로 거래, 송금

- 비트코인, 테더, 디엠, USD코인 등 스테이블코인이 국제간 금융

권에서 송금화폐로 사용되고 있다.

- 페이스북은 2020년 리브라를 디엠으로 개칭하면서 각 나라의 법
정통화와 연동되는 스테이블코인 형태인 디엠으로 페이스북 사용
자 28억 명에게 사용할 예정.

- 스테이블코인인 디엠이 활성화되면 다른 암호화폐도 같이 활성화
될 것임.

블록체인(Blockchain)이란 무엇인가

□ 블록체인 관련 용어

① 블록(block)

블록은 데이터를 저장하는 단위로, 바디body와 헤더header로 구분된다. 바디에는 거래 내용이, 헤더에는 머클해시(머클루트)나 넌스 nounce(암호화와 관련되는 임의의 수) 등의 암호코드가 담겨 있다. 블록은 약 10분을 주기로 생성되며, 거래 기록을 끌어 모아 블록을 만들어 신뢰성을 검증하면서 이전 블록에 연결하여 블록체인 형태가 된다. 여기서 처음 시작된 블록을 제네시스 블록이라고 부른다. 즉, 제네시스 블록은 그 앞에 어떤 블록도 생성되지 않은 최초의 블록을 말한다.

② 노드(node)

블록체인은 중앙 집중형 서버에 거래 기록을 보관, 관리하지 않고 거래에 참여하는 개개인의 서버들이 모여 네트워크를 유지 및 관리한다. 이 개개인의 서버, 즉 참여자를 노드라고 한다. 중앙 관리자가 없기 때문에 블록을 배포하는 노드의 역할이 중요하며, 참여하는 노드들 가운데 절반 이상의 동의가 있어야 새 블록이 생성된다. 노드들은 블록체인을 컴퓨터에 저장해 놓고 있는데, 일부 노드가 해킹을 당해 기존 내용이 틀어져도 다수의 노드에게 데이터가 남아 있어 계속적으로 데이터를 보존할 수 있다.

미래: P2P비즈니스
Blockchain-based

③ 해시(hash)함수

해시함수는 어떤 데이터를 입력해도 같은 길이의 결과를 도출하는 함수를 말한다. 도출되는 결과가 중복될 가능성이 낮고, 결과 값으로 입력 값을 역으로 추정하기 어렵다. 이 때문에 해시 값을 비교하면 데이터의 변경이 발생했는지 파악할 수 있다. 해시함수는 SHA^{Secure Hash Algorithm}-1이 처음 고안된 후 더 발전된 형태의 SHA-2^(SHA 256)가 나왔는데, 이것을 블록체인에서 사용하고 있다. SHA-2는 어떤 길이의 값을 입력해도 결과가 256비트로 도출된다.

□ 블록체인의 탄생배경

- 블록체인은 중앙집중에 따른 문제점을 해결하기 위함.
- 나의 모든 일상이 중앙서버에 의해서 관리 감독된다는 문제점을 극복하기 위함.
- 내가 생산하는 모든 데이터를 나의 동의 없이 마음대로 사용한다는 것으로부터 벗어나기 위해 탄생함.
- 탈중앙화, 분산화를 통한 데이터보호, 내 자산 보호.

▲ 블록체인(Block chain)의 어원

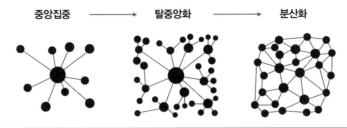

Centralized	Decentralized	Distributed
관치경제	독과점경제	혁신+공유경제
국가집중	지방분권	시민자치
독재권력	대의민주	직접민주
통신사	인터넷	블록체인

▲ 블록체인의 변형과정

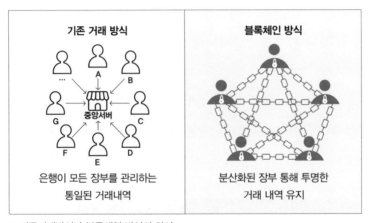

▲ 기존거래방식과 블록체인 방식의 차이

중앙집중식	구분	블록체인
거래 시 개인정보 필수	익명성	거래 시 개인정보 불필요
거래 정보 미공개	투명성	허가 대상에게 거래 정보 공개
해킹 위험 존재	보안성	해킹불가, 위 · 변조 불가
데이터 수정, 삭제 가능	가역성	데이터 수정, 삭제 불가능

▲ 중앙집중식과 블록체인 방식의 차이

- 현재의 중앙집중식은 중앙서버에 의해서 완전히 통제되기 때문에 개인의 모든 데이터가 관리되고 노출됨.
- 해킹의 위험도 상당히 노출되어 있음.
- 내 데이터자산이 중앙서버를 관리하는 사람에 의해서 조작되고 통제되고 활용됨.
- 블록체인의 등장은 내 자산과 내 데이터는 내가 보호한다는 취지에서 시작된 컴퓨터, 인터넷 기반 프로그램.
- 블록체인의 등장배경: 탈중앙화, 분산화 개념의 발전, 중앙화시스템의 한계극복 / 개인이 본인의 정보를 관리할 권한을 가짐.

□ 블록의 생성과 해시값

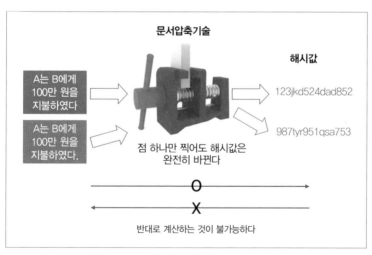

▲ 문서압축기술의 원리

- 문서압축기술을 활용해서 해시값을 계산.

- 해시값은 시간을 따라 정방향으로 갈 수 있음.

- 역으로 해시값을 다시 문장으로 만들 수는 없음.

- 블록체인의 핵심은 문서압축기술을 활용하여 해시값을 계산함.

- 새로운 블록 = 전 블록의 해시값 + 새로운 거래 내용.

- 새로운 블록의 해시값을 체인이 전달하여 해시값을 연결 고리로 계속 연결해 감.

- 해시값 = 내용요약문, 블록의 압축된 이름, 장부내용을 '해시'라는 규칙으로 요약해서 만듦.

- 해시값을 가지고 거꾸로 문장을 알아낼 수는 없다. 그래서 위조·변조가 불가능한 것임.

□ 해시함수(hash function)

X	해시함수	Y
5		1
13	F=(X/4의 나머지)	1
21		1
33		1

정방향으로 가는 것은 쉽다

역방향으로 가는 것은 거의 불가능하다

Crypto(암호학의 특징)

- 정방향으로 가는 것은 쉬움.

- 역방향으로 가는 것은 불가능함(암호학).

- 암호화폐cryptocurrency.

- 오른쪽의 값은 하나이나 왼쪽의 과정은 무수히 많음.

- 그렇기 때문에 컴퓨터가 하나씩 하나씩 전부 대입을 해서 원하는 답을 찾아야 함. 이 과정을 10분 이내에 해야 함. 그래서 전 세계의 모든 컴퓨터는 위조와 변조가 불가능한 것임. 이렇게 해서 찾아내는 과정이 바로 채굴하는 과정임.

□ 블록의 생성과 체인으로 연결

- 전블록해시값(123abc456def789ghi)+새로운 거래내역 → 새로운 해시값 생성(987aff654jkl321)=블록의 이름.

- 거래내역이 한 글자만 바뀌어도 해시값이 완전히 바뀐다. 예를 들면 전블록해시값(123abc456def789ghi)+새로운 거래내역. (점 하나 추가) → 전혀 다른 해시값 생성(560ojh852poi654).
- 블록1=전블록 해시값(123fjk475nvh908hbv)+이번 거래내역 → 체인-새로운 해시값 생성(987aff654jkl321 → 블록2 [새로운 해시값 생성(987aff654jkl321)+새로운 거래내역]
- 체인=앞 블록의 해시값을 전달하는 역할.
- 체인=블록과 그 다음 블록을 연결.
- 체인=시간 순서대로 연결됨.

□ 블록이 밀봉되는 과정

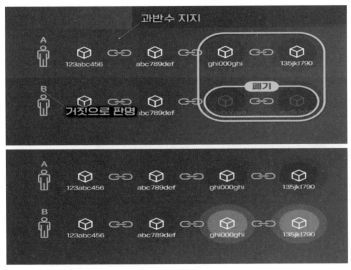

(출처: 유튜브–창업에듀 블록체인)

- 데이터를 갖고 있는 사람들의 데이터가 동일하다면 바로 블록으로 밀봉되어 체인으로 연결됨.
- 과반수의 지지를 받으면 지지를 받지 못한 것들은 폐기됨.
- 과반수의 지지를 받은 데이터를 지지를 받지 못한 사람들에게 전송하여 모든 사람들이 지지를 받은 같은 데이터로 통일되게 저장됨.
- 이런 식으로 비트코인의 경우 10분마다 과반 이상의 지지를 받은 데이터로 전 세계의 모든 사람들이 분산해서 데이터를 저장하게 됨.
- 10분마다 데이터가 계속 업그레이드되면서 체인으로 연결되어 가는 것임.
- 참여자가 많을수록 위·변조가 어려움.

□ 진위를 가리는 합의는 어떻게 하는가?

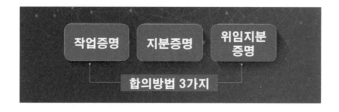

- 작업증명: 컴퓨터의 작업능력에 비례해서 합의 권한이 증가하는 것. 컴퓨터의 성능과 컴퓨터 확보 숫자에 의해서 좌우됨.
- 지분증명: 암호화폐를 가지고 있는 숫자에 따라 합의 권한을 부여하는 것.

- 위임지분증명: 작업증명 + 지분증명의 응용 버전으로 대표에게 위임하여 위임받은 지분만큼 합의권한을 부여받는 것.

□ **블록체인-위조, 변조가 불가능한 이유**

(출처 : 유튜브–창업에듀 블록체인)

- 비트코인의 경우, 거래가 10분 단위로, 새로운 해시값이 생성되고 밀봉되기 때문에 다른 것을 위조, 변조하려면 10분 이내에 전 세계에 있는 모든 데이터를 해킹해서 변조해야 하는데 이것은 불가능한 것임.
- 기록에 변조가 있는 경우, 전 세계의 모든 사람이 확인이 가능함.
- 컴퓨터프로그램이 자동으로, 투표를 통해 51% 이상을 획득한 것이 진짜가 됨.

□ 블룸버그 통신

▲ 블룸버그 통신의 기사 내용 "미래는 탈중앙화 될 것이다"

- 미래는 탈중앙화 블록체인기술이 될 것.
- 채굴은 엄청난 연산작용을 해야 하기 때문에 엄청난 연산능력을 필요로 함.

- 엄청난 연산능력은 엄청난 전기를 필요로 함.

- 비트코인은 GPU(그래픽카드)로 채굴함.

- 이더리움은 ASIC칩으로 채굴함.

- 그래픽을 만드는 엔비디아가 엄청난 호황 중.

- GPU와 ASIC칩으로 채굴하는 방식은 전력소모가 많음.

- 과도한 전력소모로 손익분기점에 도달하려면 비트코인이나 이더리움의 가격이 올라가야 함.

- 가격이 떨어지는 경우 손익분기점에 도달하기 어려움.

- 그래서 해시값을 높이기위해서 경쟁적으로 늘리는 컴퓨터의 연산력으로 전력이 많이 소모되며 비환경적 상황이 발생하게 됨.

- 이런 것을 극복한 것이 암호화폐 3.0이라고 하는 치아코인 채굴방식임.

암호화폐의
역할 분류

□ 플랫폼 암호화폐

▲ 플랫폼 암호화폐의 종류에는 다음과 같은 것들이 있다
  (이더리움, 이오스, 에이다, 폴카닷)

□ 블록체인 플랫폼별 활용앱 수

플랫폼	플랫폼을 활용한 앱수 (DApps)	일일 활성 사용자
이더리움	2,782	61,830명
이오스	328	39,230
스팀	79	-

- 이더리움은 플랫폼 암호화폐의 대표.

- 이더리움2.0에서는 작업증명에서 지분증명으로 전환 예정.

- 블록체인 플랫폼을 이용할 때 사용하는 코인으로 스마트 계약기 능이 있어 이를 기반으로 다양한 서비스를 만들 수 있음.

□ 이오스

- 낮은 수수료가 특징임.

- 연산 능력 한계와 높은 수수료가 요구되는 작업증명 방식의 단점 극복을 위해 지분위임증명(지분율에 비례하여 투표권을 행사)을 사용하여 대표자 선정 후 대표자들이 합의하여 의사결정을 내리는 합의 알고리즘 사용.

- 대표자의 승인만 받으면 거래가 가능하므로 데이터 처리 속도가 더 빠름.

□ 에이다(카르다노)

- 금융에 특화된 블록체인 플랫폼.
- 이오스와 마찬가지로 지분증명 방식을 사용하나 대표자 선정이 무작위로 이루어져 많은 지분을 가진 특정 컴퓨터의 알고리즘 독식을 방지.
- 퍼블릭 블록체인으로, 오픈소스이지만 활용 목적에 따라 중앙화가 가능하여 높은 유연성을 가짐.
- 완전한 스마트 계약을 구현하지 못한다는 평가가 있음.

□ 폴카닷

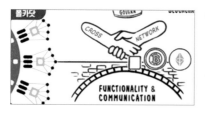

- 서로 다른 블록체인 간에 데이터 전송 가능함.
- 카카오와 애니팡의 연결을 생각할 수 있음.
- 서로 다른 블록체인 간에 데이터 전송 가능하게 해서 여러 가지 금융서비스를 할 수 있음.
- 결제만 가능하던 암호화폐(예, 비트코인)에 폴카닷을 활용해 새로운 금융서비스를 붙일 수 있을 것으로 기대함.

□ 유틸리티 암호화폐

종류별 주요 암호화폐		
플랫폼 코인	유틸리티 토큰	거래용 코인
이더리움(ETH, 2위)	유니스왑(UNI, 10위)	비트코인(BTC, 1위)
바이낸스코인(BNB, 3위)	체인링크(LINK, 11위)	테더(USDT, 4위)
에이다(ADA, 5위)	폴리곤(MATIC, 15위)	도지코인(DOGE, 6위)
폴카닷(DOT, 8위)	세타(THETA, 20위)	리플(XRP, 7위)
솔라나(SOL, 16위)	에이브(AAVE, 27위)	비트코인캐시(BCH, 13위)
이오스(EOS, 23위)	팬케이크스왑(CAKE, 34위)	라이트코인(LTC, 14위)
트론(TRX, 24위)	비트토렌트(BTT, 48위)	바이낸스USD(BUSD, 18위)

*( )안은 시총 순위(6월 3일 오후 6시 기준)
*같은 색깔은 같은 생태계 또는 파생 코인
*자료:코인마켓캡

- 실제 특정 서비스를 구현하기 위해 발행되는 암호화폐임.
- 디앱에서 사용되는 암호화폐가 유틸리티 암호화폐임.
- 디센트럴라이즈드 어플리케이션Decentralized Application.
- 이더리움기반 앱(디앱) → 특정 분야, 산업에 특화된 플랫폼으로 진화.
- 블록체인을 사용하지 않고 직접 구현하는 것을 메인넷이라고 함.
- 메인넷을 갖추고 있다면 이를 기반으로 다른 디앱들을 만들어 생
  태계 구성 가능함.
- 현재는 실제 서비스로 이어진 사례가 많지 않음.

□ 메디블록(의료전문)

- 메디블록Medibloc: 블록체인을 이용해 여러 곳에 분산된 의료정보를 안전하게 관리하며 메디블록 암호화폐를 통해 연계 서비스 활용 가능함.

□ 비체인-물류체인 위한 코인

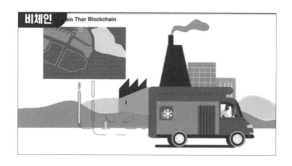

- 블록체인 기반의 물류시스템을 구현한 플랫폼으로 서비스를 사용하는데 비체인 코인 사용.

□ 코인의 종류

- 시아코인: 분산형 클라우드에서 사용.

- 파일코인: 분산형 클라우드에서 사용.

- OMG: 서로 다른 상점과 서비스에서 받은 포인트들을 다른 곳에 서도 사용할 수 있도록 연동하고 서로 다른 결제망을 연결하는 데 사용하는 코인.

- 밀크: 여행, 여가, 라이프스타일 분야에서 포인트를 통합해 쓸 수 있도록 하는 것.

- 블록체인 내 분산화 어플리케이션 또는 제공되는 서비스 내에서 사용되는 암호화폐

- 특정 서비스를 향유할 때 통용되는 칩Chip 개념.

- 유틸리티 피Utility fee: 공공인프라(전기, 수도 등) 이용 후 지불하는 요금으로 블록체인 인프라 내에서 서비스, 콘텐츠를 향유할 때 통용되도록 만든 것.

□ 페이먼트 토큰(Payment Token: 화폐적 교환가치)

페이먼트 토큰(Payment Token)

지급결제

· 지급 결제용으로 사용되는 것
· 상품/서비스/콘텐츠 구매를 위한
  지급 결제 수단이 될 수 있는 것
· 실 생활에서의 화폐 역할
  예) 비트코인

- 화폐처럼 지급결제수단으로 사용되는 것.

- 암호화폐의 교환가치는 결제시간지연의 문제로 차선으로 보고
  있다.

- 상품, 서비스, 콘텐츠 구매를 위한 지급결제 수단이 될 수 있는 것.

- 실생활의 화폐와 같은 기능을 하는 것.

- 비트코인.

- 페이스북 리브라 → 디엠.

- 테더: 가치가 일정하게 유지되며 보통 법정화폐의 입금을 받지 않
  는 해외 거래소 이용 시 달러와 테더를 교환하여 다른 암호화폐 매
  수에 사용.

- USD코인.

□ 스테이블코인의 역할

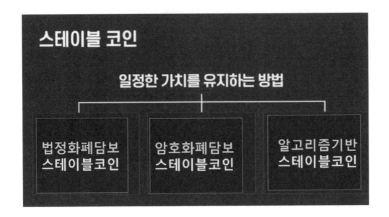

- 가격 변동성을 최소화하도록 설계된 암호 화폐. 보통 1코인이 1달러의 가치를 갖도록 설계됨.
- 테더Tether, USDT 코인이 대표적인 스테이블 코인이며 이외에도 HUSD, PAX, GUSD, USDC 등의 다양한 스테이블 코인이 발행됨.
- 암호화폐의 심한 가격변동성을 해결하기 위한 가치안정화 → 스테이블 코인Stable-coin 등장.

□ 담보부 스테이블코인(Asset-collateralized Stable-coin)

- 자산을 담보로 자산의 가치만큼 증서 발행.
- 코인은 일정한 비율 담보와 교환된다는 것.
- 금을 담보로 했을 때 코인=금이 됨.
- 유무형의 자산을 담보로 가치를 산정하여 가격 안정화.

- 법정화폐 담보부 스테이블 코인Fiat-collateralized Stable-coin.

- 달러를 담보로 한 코인의 경우 암호화폐 개수만큼 미국달러 보유
  해야 함.

- 실물자산 담보부 스테이블 코인Real Asset-collateralized Stable-coin.

- 실물자산은 무엇이든 될 수 있다(부동산, 금 등등).

- 실물자산의 가치 변동에 따라 안정성이 변동.

- 블록체인 개발사의 담보자산 거짓 기재 시 문제.

- 스테이블의 코인가격이 상승하여 실물자산의 가치를 능가할 수도
  있어 스테이블 코인이 완벽한 가격조절 장치는 아님.

- 암호화폐 담보부 스테이블 코인Crypto-collateralized Stable-coin.

- 무담보 스테이블코인Non-collateralized Stable-coin.

- 가격변동에 따라 통화량을 늘리거나 줄이는 방식(예, 정부의 통화정책)

- 암호화폐의 발행량이나 암호화폐로 지불하는 수수료가격을 조절
  하여 안정화시키는 방법.

- 암호화폐 발행량 조절 - 채권발행 -암호화폐로 채권구입-시장의
  암호화폐 감소 - 암호화폐 가치 유지.

- 암호화폐 수수료 조정.

- 정부정책처럼 다양한 방식으로 블록체인 내의 암호화폐 가치를
  조절할 수 있음.

▫ 대표 스테이블코인 꿈꾸는 페이스북 디엠

- 페이스북 서비스 월간 사용자 수=28억 명.

- 어느 나라보다 사용자가 많음. 만약 페이스북에서 암호화폐가 자유롭게 사용된다면 세계화폐의 역할을 할 수 있는 것임.

- 페이스북은 2019년 6월 암호화폐 리브라를 발행하겠다고 발표했으나 정부의 강력한 견제로 리브라를 발행하지 못하고 2020년 디엠으로 수정함.

- 기축통화에 대한 도전으로 받아들여 전 세계적인 반감을 가져와 결국은 압력으로 세계통화를 꿈꾸었던 리브라는 발행되지 못함.

- 전 세계 금융당국이 반발한 이유: 글로벌 시장에서 누구나 쉽게 결제하고 송금할 수 있도록 설계되어 각국의 통화 통제가 어렵고, 통화정책을 수행할 수가 없어짐.

- 전 세계에서 결제기능을 가진 대부분의 28개 회사가 참여 본격적으로 암호화폐가 유통되면 각 국의 중앙은행 발행권한이 무너지

면서 혼란을 초래할 수 있음.

- 기축통화인 달러가 기득권을 포기할 수는 없음, 그래서 각국의 강력한 반대로 리브라는 포기할 수밖에 없었음.

- 그래서 한발 물러나 리브라 → 디엠으로 변경.

리브라 ➡ 디엠

1. 각 국의 법정통화와 연동하는 구조
2. 참여회사 줄어듬
3. 퍼블릭 블록체인x, 프라이빗 블록체인o

- 디엠달러: 미국의 달러와 가치 연동되는 스테이블코인.

- 디엠유로: 유럽의 유로와 가치 연동되는 스테이블코인.

- 디엠원화: 한국의 원화와 가치 연동되는 스테이블코인.

- 각국의 법정통화와 연계한 스테이블코인으로 변신하여 각국과의 마찰을 피했다.

- 참여회사는 26개 회사다.

- 퍼블릭 블록체인이 아니라 프라이빗 블록체인으로 변신.

이더리움 네트워크 기반 트랜잭션 상위 10개 암호화폐
(2021년 5월25일~5월31일)

암호화폐 이름	트랜잭션 수	상위 10개 중 트랜잭션 비중(%)
Wrapped Ether (WETH)	1,505,916	35.0
Tether USD (USDT)	1,137,549	26.4
USD Coin (USDC)	499,476	11.6
EVO (EVO)	433,830	10.1
EthereumMax (eMax)	173,818	4.0
Dai Stablecoin (DAI)	152,187	3.5
Matic Token (MATIC)	123,254	2.9
SHIBA INU (SHIB)	122,840	2.9
ChainLink Token (LINK)	96,170	2.2
EthereumMax (eMax)	58,798	1.4

- 이더리움기반 코인 상위를 차지하는 것은 스테이블코인.

- 스테이블코인이 국제 외화송금의 주역이 됨.

- 금융권의 스테이블코인 거래 도입이 갖는 의미와 변화는 서서히 드러나겠지만, 그 중하나가 외화송금 시스템의 급속한 변화가 예상된다는 점.

- 현행 은행 간 국제 외화송금 수수료는 금액에 따라 8-25%라는 고액의 수수료를 지불해야 함.

- 환전수수료+송금수수료+전용망수수료+수신수수료+환전수수료 +현금수수료 등 거치는 여섯 단계마다 수수료가 부가되다 보니 이렇게 고율의 수수료가 부과되는 것임.

- 이것이 중앙은행디지털화폐로 송금하면 단계가 대폭 축소되어 '환전수수로 + 송금수수료+환전수수료'의 3단계로 축소되어 수수료는 5% 내외로 줄어 듦.

- 그런데 스테이블코인의 경우는 환전할 필요가 없다보니 환전수수료가 들지 않아 수수료가 2%내외로 대폭 줄어든다. 나중에는 그마저 제로로 수렴될 것이다.
- 금융취약계층(계좌 없는 사람들)에 절대적 유리 통화기능.
- 전 세계적인 금융 인프라로 거듭날 수 있다.
- 페이스북 내 메타버스 확장으로

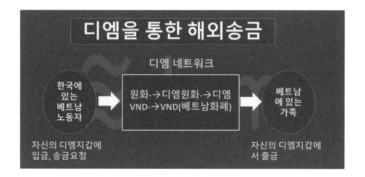

- 메타버스 세계에서 암호화폐로 디엠이 사용될 것.
- 페이스북이 메타버스에 집중하는 이유도 암호화폐를 통해 세계화할 수 있기 때문이다.
- 디엠이 제대로 정착되면 450조 이상의 매출이 가능하다.
- 디엠은 각 중앙은행이 자체 디지털화폐인 CBDC를 정착시킬 때까지 결제수단 역할을 할 것CEO.
- 미국 연준이 달러CBDC를 발행할 경우 디엠의 역할을 축소하기로 약속함.
- 디엠은 본래 암호화폐의 탈중앙화 정신과는 약간 멀어짐.

□ 암호화폐 계열

① 비트코인 계열

- 비트코인 캐시

- 비트코인 골드

- 라이트코인

② 이더리움 계열

- 이더리움

- 이더리움클래식

③ 리플 계열

- 스텔라

- 루멘

④ 다크코인 계열

- 모네로

- 대시

□ 시큐리티 토큰(Security Token: 자산적 가치)

- 증권securities.

- 재산적인 권리, 의무가 표기된 증서.

- 주식, 채권 등 재산적인 가치가 있는 것.

- 기업의 지분권리, 배당수익을 취할 권리, 원금, 이자를 수취할 권리 등 기재.

- 투자수익, 투자손실 발생 가능.

- 블록체인이 매출 발생 시 수익 분배됨.

- 재산적 가치가 있는 것의 대여 대가로 이자를 수취함.

- 토큰 보유분만큼 배당을 받을 수 있고 재산적 가치가 상승 시 상승한 만큼 가치가 높아짐.

- 부동산, 실물자산 등의 권리, 보유지분에 대한 증명 역할.

- 증권의 구조로 블록체인 위에서 가능함.

- 재산적 가치, 재산적인 권리가 표시된 것으로 증권의 속성이 있음.

- 증권의 성격으로 분류되면 증권 관련 법 규정, 투자위험성으로 인한 엄격한 규제, 관리시행.

암호화폐와
사이버머니의 차이

□ 암호화폐

- 암호화폐 어느 곳에서도 사용할 수 있다.

- 안정적으로 통용가능하다.

- 상품 및 서비스로 교환가능하다.

- 암호화폐는 위·변조가 불가능하며 탈중앙화된 화폐

- 어느 곳으로도 이체할 수 있다.

- 투자상품으로도 가능하다.

- 사용자 수가 많을수록 신뢰도가 높아진다.

- 공공거래장부에 기록된 화폐.

- 일련번호를 가진 유일한 것처럼 존재.

- 겉보기에 숫자로 표현되지만 모두 다른 일련번호를 가진 디지털 지폐.

- 다수의 인정을 바탕으로 만들어진 꼬리표가 있는 화폐.

- 암호화폐, 기록 및 행정을 모두가 인정한다는 뜻.

- 암호화된 기록을 바탕으로 통용되는 화폐.

□ **사이버머니**

- 사이버머니란 경제 실제의 물리적인 화폐는 아니지만 컴퓨터 네트워크 안에서 같은 기능을 하는 화폐를 말함.
- 온라인 충전, 온라인 마일리지, 온라인게임 머니 등 단순히 전산 상으로만 기록되어 있는 자산.
- 다른 곳에서는 사용할 수 없고 서버 내에서만 사용해야 함.
- 중앙서버에 의존함.
- 화폐처럼 다른 곳에서는 통용될 수 없음.

NFT(대체 불가 토큰)란 무엇인가

- '대체 불가능한 토큰Non-Fungible Token'이라는 뜻으로, 희소성을 갖는 디지털 자산을 대표하는 토큰을 말한다. NFT는 블록체인 기술을 활용하지만, 기존의 가상자산과 달리 디지털 자산에 별도의 고유한 인식 값을 부여하고 있어 상호교환이 불가능하다는 특징이 있다. 이는 자산 소유권을 명확히 함으로써 게임·예술품·부동산 등의 기존 자산을 디지털 토큰화하는 수단이다.
- NFT는 블록체인을 기반으로 하고 있어 소유권과 판매 이력 등의

관련 정보가 모두 블록체인에 저장되며, 따라서 최초 발행자를 언제든 확인할 수 있어 위조 등이 불가능하다. 또 기존 암호화폐 등의 가상자산이 발행처에 따라 균등한 조건을 가지고 있는 반면 NFT는 별도의 고유한 인식 값을 담고 있어 서로 교환할 수 없다는 특징을 갖고 있다. 예컨대 비트코인 1개당 가격은 동일하지만 NFT가 적용될 경우 하나의 코인은 다른 코인과 대체 불가능한 별도의 인식 값을 갖게 된다.

- NFT의 시초는 2017년 스타트업 대퍼랩스Dapper Labs가 개발한 '크립토키티CryptoKitties'가 꼽히는데, 이는 유저가 NFT 속성의 고양이들을 교배해 자신만의 희귀한 고양이를 만드는 게임이다. 특히 2017년 말 이 게임의 디지털 고양이가 11만 달러(약 1억 2,000만 원)에 거래되면서 화제를 모은 바 있다. 대퍼랩스는 2020년부터는 미국 프로농구NBA와 손잡고 NFT 거래 플랫폼인 'NBA 톱 샷NBA Top Shot' 서비스를 제공하고 있는데, 해당 플랫폼에서는 유저들이 유명 선수들의 하이라이트를 짧게 편집한 영상을 거래할 수 있다. 대퍼랩스는 NBA와 라이센스 계약을 체결하고 희소성을 유지하기 위해 제한된 수로 NFT를 만들어 판매하고 있다.

- NFT는 가상자산에 희소성과 유일성이란 가치를 부여할 수 있기 때문에 최근 디지털 예술품, 온라인 스포츠, 게임 아이템 거래 분야 등을 중심으로 그 영향력이 급격히 높아지고 있다. 대표적으로 디지털 아티스트 '비플'이 만든 10초짜리 비디오 클립은 온라인에서 언제든지 무료로 시청할 수 있지만, 2021년 2월 NFT 거래소에

서 660만 달러(74억 원)에 판매됐다. 또 테슬라 최고경영자CEO 엘론 머스크의 아내이자 가수인 그라임스는 2021년 3월 NFT 기술이 적용된 '워 님프'라는 제목의 디지털 그림 컬렉션 10점을 온라인 경매에서 20분 만에 580만 달러(65억 원)에 낙찰되면서 큰 화제를 모 았다.

□ 785억 원짜리 NFT 그림 진품 인증

- 크리스티 경매에서 785억에 낙찰. 대체불가능토큰NFT 역사에 남 을 사건이 지난 13일 일어났다.
- 디지털 아티스트 비플Beeple이 NFT로 만든 '매일: 첫 5000일'이라 는 작품이 6930만 달러(약 785억 원)에 낙찰된 것이다. 낙찰자는 NFT 펀드 메타퍼스Metapurse의 창립자 메타코반이다. 메타코반은 실명 이 아닌 닉네임이다.
- 비플의 NFT는 역사상 세 번째 비싼 낙찰가이며, 디지털 작품으로

는 역대 최고가다. '매일: 첫 5000일'이 비싸게 팔린 이유는 비플이 디지털 작품 업계를 선도한 인물이기 때문으로 보인다. 비플은 2007년부터 지금까지 5000개 이상의 디지털 작품을 창작했다.

- 최근 비플 외에도 많은 유명인이 NFT 작품을 고가에 판매했다. 테슬라 최고경영자[CEO] 일론 머스크의 연인이자 가수인 그라임스는 NFT로 만든 자신의 그림 10점을 580만 달러에 팔았다.

▲ NFT 관련 기사

- 작품을 NFT화했다는 것만으로 가치가 높아지는 이유가 뭘까. 실물을 있는 그대로 보관하면 위조품이 만들어졌을 때 진위 여부를 판별하기 어렵다. 도난에 대처하지 못할 가능성도 있다. 반면 NFT는 실물을 토큰화해 고유한 디지털 소유권을 보장한다. 한번 블록체인 상에 기록된 NFT 소유권은 위·변조를 할 수 없고 정보가 투명하게 공개된다. 이러한 특징으로 인해 실물에서 발생하는

문제를 개선할 수 있다.

- 뱅크시의 작품 'Morons(바보들이란 뜻)'도 NFT에 올랐다. 그런데 뱅크시 본인이 올린 것이 아니었다. 뱅크시의 이 작품은 그림을 거래하는 경매장을 그려놓은 작품인데, 그림 안에 "이 쓰레기를 사는 사람들을 이해할 수 없다"는 문장을 적어 놓았다. 엄연히 실물이 있는 회화작품이다.

이 작품은 경매에서 10만 달러(1억 1310만 원)에 팔렸는데, 문제는 이 작품을 구매한 이들이 유튜브 계정을 만들고 이 작품을 태워버리는 과정을 영상으로 공개했다는 것이다. 그리고 이 태우는 과정의 영상 소유권을 NFT에 올려 경매를 진행했고, 당시 가격으로 한화 약 4억 3천만 원 정도의 소득을 올렸다.

▲ 뱅크시의 작품

- 뱅크시가 Morons를 태워버린 이유는 '디지털화한 작품과 실물이 둘 다 존재한다면 작품 가치는 실물에 있지만, 실물을 없애버리면 진품의 가치는 NFT가 가진다.'며 NFT 내에서의 소유권을 인정받

기 위함이었다고 한다. 이 금액은 모두 자선단체에 기부된다고도 밝혔다. 구매자들은 뱅크시다운 작품을 뱅크시답게 처리해버린 것이다.

> **"블록체인으로 나도 건물주"....부동산-미술품 토큰화 활발**
>
> 블록체인이 일부 자산가만 소유할 수 있던 건물이나 미술품에 일반인들도 투자할 수 있게 일상적 투자수단을 만들고 있다.
>
> 블록체인 기술이 그동안 일부 자산가들만 소유할 수 있던 건물이나 미술품에 일반인들도 투자할 수 있도록 일상적 투자수단을 만들고 있다.
>
> 미술품이나 부동산 판매에 블록체인을 적용하는 방법은 크게 두 가지다. 판매 정보를 블록체인 분산원장에 기록하거나 자산을 토큰화해 판매하는 형태다.

▲ 블록체인 관련 기사

- 소유권 분할해 블록체인에 저장한다.
- 18일 업계에 따르면 아트블록코리아는 수억 원을 호가하는 미술품을 여러 명이 공동으로 소유하도록 하는 방식의 미술품 소유권 분할 판매 서비스를 하고 있다.
- 최근 키스 해링 작품 출시와 함께 아트블록코리아의 '테사' 서비스 이용자 수가 2,500명을 돌파했다.
- 테사는 대중의 접근이 어려웠던 예술품 자산 시장에 누구나 쉽고 안전하게 접근할 수 있도록 만들어진 미술품 투자 서비스다. 미술품에 대한 소유권을 여러 개로 분할해 판매하는 것으로 누구나 소액으로 유명 미술품의 소유권을 가질 수 있다. 자산과 관련한 모든

내역은 블록체인 분산원장에 실시간으로 기록한다. 분할 소유권을 보유한 사람들은 대여와 전시 등에서 발생하는 부가수익과 매각 시 발생하는 매각대금을 분할 소유권 보유 비율에 따라 지급받는 매각수익을 얻을 수 있다.

- 해외에선 주로 STO[1] 방식 판매
- 미술품 분할판매 모델은 해외에서 먼저 선보였다. 2017년 설립된 마스터웍스는 피카소, 모네, 앤드 워홀 같은 19~20세기 거장의 작품들을 주로 다룬다. 작품의 소유권을 증권형 토큰발행STO으로 판매한다.
- 매세나스ART는 세계 최초의 순수미술 블록체인 플랫폼이다. 작품의 지분을 ART 코인으로 구매해 소유주가 되면 작품의 대여 및 전시를 통해 수익을 지분만큼 받는다. 거래 시에는 ART 코인, 비트코인 같은 다른 가상자산, 기존화폐 모두 이용할 수 있다.
- 전 세계 31개국, 부동산 정책에 블록체인 활용.
- 지난 2017년 미국의 IT전문지 테크크런치의 마이클 애링턴 창업자는 세계 최초로 이더리움ETH으로 6만 달러 상당의 우크라이나 수도 키예프 소재 아파트를 구매했다.
- 글로벌 부동산 시장을 분석하는 JLL리서치는 '2020년 글로벌 부동산 투명도 지수'를 통해 정부가 나서서 부동산에 블록체인 기술

---

1. 증권형 토큰(security token)은 주식, 채권, 부동산 등 실물자산을 블록체인 기반의 암호화폐에 페깅한 디지털 자산을 말하며, 증권형 암호화폐 또는 시큐리티 토큰이라고도 불린다.

을 활용하는 곳이 전 세계에서 31개국 있다고 전했다. 그중 영국의 '디지털 스트리트 프로그램'은 블록체인 기술을 활용해 디지털 자산 이동을 토지대장에 자동으로 업데이트하는 시스템으로 현재 시범 운영 중이다.

- 두바이와 스웨덴은 전 세계에서 블록체인 기술을 부동산 시장에 적용하는 대표적인 곳들이다. 두바이는 모든 부동산 거래를 블록체인에 기록하고 있다. 스웨덴은 정부가 블록체인을 활용한 재산권 이전 제도를 시범적으로 시행하고 있다.

- 블록체인 기술을 이용하면 누구나 '건물주'가 될 수도 있다. 부동산 소액투자 서비스 엘리시아는 블록체인 기술을 기반으로 부동산 소유권을 나눠 판매한다.

- 최소투자금액 5,000원으로 누구나 부동산에 투자할 수 있다. 부동산 소유권을 갖게 되면 지분에 따라 임대 수익과 매매 수익을 가져갈 수 있다. 상품 평가, 취득, 관리, 모니터링, 판매까지 모든 거래를 블록체인으로 관리한다.

- 국내에서도 NFT로 예술작품 거래가 활발하다.

- NFT의 특성중 하나인 검증 가능한 측면에서 마리킹의 NFT도 이더리움 네트워크에 등록이 되어 있다.

- 등록된 소유주 주소
  : 0x8258AA5297bEx728d29ca6Db4b7F5395EC8C7465

국내 최초 마리킴 Mari Kim의 NFT, Missing and Found ,NFT(대체불가능한 토큰) ,마리킴 미씽앤드파운드

마리킴은 어린아이의 몸과 큰 눈을 가진 캐릭터 '아이돌' 그림으로 알려진 팝아트 작가다. 세계 미술시장에서 새로운 흐름으로 떠오른 'NFT(Non-Fungible Token·대체 불가능 토큰)'를 국내 처음 적용한 마리킴의 그림이 6억원(288ETH)에 2021년 3월 18일 팔렸다.

▲ 마리킴에 대한 소개

가상자산으로 만든 트위터 CEO 첫 트윗, 경매서 33억원에 팔려

just setting up my twttr
4:50 PM · Mar 21, 2006
내 트위터 막 설정했다.

(샌프란시스코=연합뉴스) 정성호 특파원 = 소셜미디어 트위터의 최고경영자(CEO) 잭 도시가 날린 첫 트윗이 22일(현지시간) 약 290만달러(약 32억7천만원)의 가치에 판매됐다고 경제매체 CNBC가 보도했다.

도시 CEO는 자신이 올렸던 트윗을 가상자산인 NFT(Non-fungible Token·대체 불가능 토큰) 형태로 판매하겠다며 이를 경매에 부쳤는데 이날 암호화페인 이더리움 1630.58이더(이더리움의 단위)에 판매됐다.

로이터는 경매가 이뤄진 시점 이더리움의 시세를 기준으로 하면 이는 미화 약 291만5천여달러에 해당한다고 전했다.

- 첫 트윗 'Just setting up my twttr'를 NFT로 민팅해 밸류어블스 바이 센트Valuables by Cent라는 트윗 거래 시장에 매물로 내놓았다. 최종 낙찰가는 1,630ETH(약 290만 달러)으로 잭 도시는 이를 모두 비트코인으로 바꿔 수익금을 아프리카 빈곤 가정을 돕는 기부 플랫폼에 보냈다.

- 농구 선수 르브론 제임스의 덩크슛 장면을 담은 NFT 포토 카드는 20만 8,000달러에 팔렸다.

- 대형 패스트푸드 체인점의 NFT 이벤트는 또 어떤가. 맥도날드는 실물 굿즈 대신 빅맥과 감자튀김 등 대표 메뉴 네 개를 토큰화한 디지털 아트 'McDoNFT'를 경품으로 제공하는 이벤트를 벌였다.
- 블록체인 전문 매체 '코인데스크CoinDesk'는 NFT 시장의 가치를 2억 5,000만 달러로 추정한다.

▲ 비트코인과 암호화폐

- 비트코인도 하나하나가 대체불가하며 위조, 변조가 불가한 NFT 이다.
- 모든 암호화폐는 하나하나가 모두 NFT이다.
- 모든 자산을 토큰화해서 나누어서 판매하고 관리할 수 있다.
- 모든 예술작품도 토큰화해서 판매하고 관리할 수 있다.
- 아무리 비싼 것도 얼마든지 1/N로 나누어서 토큰화할 수 있다.
- 앞으로는 모든 것이 디지털화(Digitalization)될 것이다.
- 이 모든 디지털화의 거래에 가장 기본이 되는 것이 암호화폐이다.

- 디지털화에 맞추어 암호화폐도 발전하게 될 것이다.

- 약 2억 명의 유저를 보유한 네이버Z의 메타버스 플랫폼 '제페토 Zepeto'에는 구찌 매장이 생겼다. 1월에 구찌 2021 S/S 시즌 신제품 일부를 구현한 버추얼 컬렉션은 열흘 만에 제페토 내에서 40만 개 이상의 2차 콘텐츠를 생성했으며 조회 수는 300만 이상을 기록했다. 블랙핑크 콘서트와 사인회가 열리기도 한 제페토는 전 세계 Z 세대의 놀이터다.

- 제페토는 구찌와 함께 3D 월드맵 '구찌 빌라'를 론칭하며 구찌 IP 를 사용한 옷과 가방, 액세서리 제품 60여 종을 공식 발표했다. 구찌 본사가 있는 피렌체를 배경으로 한 버추얼 매장에서 제페토의 유저들은 인형 옷 입히기를 하듯 자신의 '부캐' 아바타에게 구찌 제품을 입히고 이를 구입할 수도 있다. 현실의 내가 입을 수 있는 옷도 아닌데 이 무슨 돈 낭비인가 싶겠지만, 일단 아바타에 구찌 신상을 척 하니 입혀보면 지갑을 열지 않을 수 없다. 11.99 달러(한화 1만 4,000원)에 판매하는 이 3D 증강 현실 스니커즈는 벨라루스 기

반의 패션 테크 기업 워너Wanna와 협업한 결과물이다.

- 아직까지는 이러한 디지털 의상과 패션 소품을 NFT로 판매하진 않지만 현실화될 전망이다.

- 블록체인 기술이 패션과 예술, 엔터테인먼트 등 지적 재산권 영역에 가져온 변화의 바람이 우리를 더 나은 차원으로 진화시킬 커다란 돌풍일지 투기꾼들의 일시적 광풍일지는 아직 모른다. 의견은 지금도 분분하다. NFT는 진품에 대한 신뢰를 담보하지만 진품의 예술적 가치를 증명할 수는 없다. 신뢰도와 가치는 다른 얘기다. 내 컴퓨터에 저장된 숱한 파일이 NFT화된다고 저절로 가치를 지니는 건 아니다.

- 그럼에도 NFT의 등장은 반갑다. 그동안 온라인에서 무분별하게 복제되던 디지털 콘텐츠의 지적 재산권을 보장할 가장 합리적인 수단일 뿐 아니라 누군가에게는 분명 새로운 기회의 장이니 말이다.

- 패션, 엔터테인먼트 업계의 입장에서 NFT는 잠재적 소비자 시장인 Z세대의 놀이터에 자연스럽게 진입하면서도 디자인과 초상권 등 지적 재산권의 금전적 가치까지 챙길 수 있는 요술 카드다. 돈이 된다는데 망설일 이유가 없다.

- NFT를 공부하며 블록체인과 메타버스 세상으로 변해가는 것을 직감하고 있다. 2008년 리먼 사태 이전의 거품 경제 시기에도 부동산, 주식, 금, 미술품 등 화폐 가치 저장 수단이 급등했다. 인플레이션의 시대에 새로운 디지털 자산 시장이 열리고 있다. 이러한 변화의 물결에 우리는 적응하고 부의 기회를 잡아야 한다.

디파이(DEFI)란
무엇인가?

□ 디파이(DE-Fi)란?

- 탈중앙화를 뜻하는 'decentralize'와 금융을 의미하는 'finance'의 합성어로, 탈중앙화된 금융 시스템을 말한다. 즉 오픈소스 소프트웨어와 분산된 네트워크를 통해 정부나 기업 등 중앙기관의 통제를 받지 않는 금융 생태계를 말하는 것이다.

- 디파이는 금융 시스템에서 중개자 역할을 하는 은행, 증권사, 카드

사 등이 필요하지 않아 은행계좌나 신용카드가 없어도 인터넷 연결만 가능하면 블록체인 기술로 예금은 물론이고 결제, 보험, 투자 등의 다양한 금융 서비스를 이용할 수 있다.

- 이는 기존 금융 시스템을 블록체인 기반의 서비스나 암호화폐로 대체하려는 움직임으로, 자산 토큰화tokenization, 스테이블 코인 stable coin(비변동성 암호화폐), 탈중앙화 거래소DEX(중개인이 없이 자산을 P2P방식으로 관리하는 분산화된 자산 거래소)등이 대표적인 디파이 서비스 모델이다.

- 은행, 증권사, 자산운용사가 하는 일을 암호화폐와 블록체인이 대신하는 것이다.

- 암호화폐의 예치와 대출(컴파운드와 에이브).

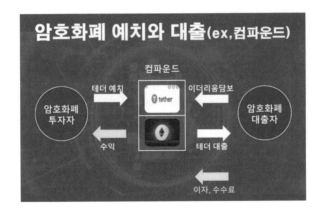

- 이더리움을 담보로 테더를 대출받는 방식이다.

- 이자개념의 수수료를 내야 한다.

- 테더를 예치한 사람은 이더리움을 테더로 대출해 주면서 발생한 수익을 받게 된다.

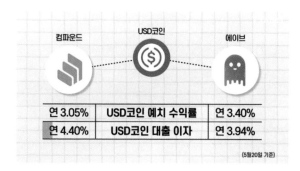

| 연 3.05% | USD코인 예치 수익률 | 연 3.40% |
| 연 4.40% | USD코인 대출 이자 | 연 3.94% |

(5월20일 기준)

- 은행처럼 예치 수익률과 대출이자에 차이가 있다.

- 은행의 예·대마진과 같은 개념이다.

- 스테이블 코인인 테더를 예치하고 이더리움이나 비트코인 등을 담보로 테더를 대출받는 방식으로 예치수익과 대출 이자가 발생 한다.

- 컴파운드: 대출이자율=4.40%−예치수익율=3.05%=예대마진 0.35% 발생한다.

- 현재 일반 금융보다 이자율과 수익률이 더 높다.

- 시중의 자금이 디파이로 모이고 있는 이유.

- 부동산 자산 토큰화.

- 부동산이나 예술품, 무형의 자산(특허, 기술, 지적재산권 등)을 토큰화해서 아무리 비싼 것도 잘게 나누어 보통사람들도 참여하여 시세차익 이나 배당, 매도, 매수를 자유롭게 할 수 있도록 한 블록체인 기반 의 새로운 거래형태라고 말할 수 있다.

- 이미 우리나라에도 부동산 자산토큰화 회사가 있다. 카사라고 이 회사는 역삼에 있는 101억 원짜리 부동산을 200만여 개의 디지털

수익증권으로 발행해서 누구나 참여할 수 있도록 했다.

- 임대료수익, 시세차익도 누릴 수 있으며, 매매도 가능하다.

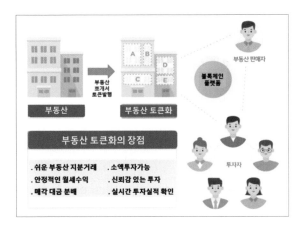

□ **예술품 자산 토큰화**

레이븐코인의 자산토큰화 기능을 이용해 실물자산을 토큰화시키려는 시도가 레이븐코 인 커뮤니티에서 계속해서 일어나고 있다.

미국 LOFTVR의 존 레스터는 직접 제작한 한정판 캔버스 예술품들을 레이븐코인 위에 자산토큰화하였다.

존 레스터는 "아름다운 한정판 Countach 캔버스 프린트와 매칭된 레이븐코인 자산 예 셋을 발행하고, 관련 데이터를 IPFS에 저장하였다. 정말 즐거운 작업이었다. 실제 예술품 의 오너십을 증명할 수 있는 혁신적인 방법이라고 생각한다."고 말했다.

- 예술품 자산토큰화 회사인 테사는 시가 1억 4,000만 원짜리 예술품을 13만여 개의 토큰화해서 판매를 개시했다.
- 수시로 판매할 수도 있고, 시세차익도 누릴 수 있다.
- 중요한 것은 몇 십만 원만 있는 사람도 참여할 수 있다는 것이다.
- 부익부 빈익빈을 극복할 수 있는 디지털 아이디어이다.
- 미국 LOFTVR의 존 레스터는 직접 제작한 한정판 캔퍼스 예술품들을 레이븐코인 위에 자산토큰화하였다.

□ 스테이킹 서비스

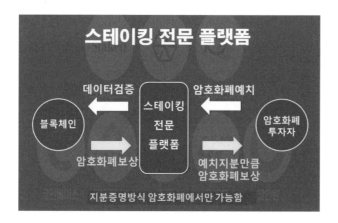

- 스테이킹 서비스를 하고 있는 거래소들.
- 스테이크드, 에버스테이크, 스테이크피쉬, 코인베이스, 바이낸스, 빗썸, 업비트, 코인원.

- 암호화폐를 블록체인에 예치에 데이터검증에 기여하면 보상을 주는 것을 의미한다.
- 암호화폐의 보유비율에 따라 데이터검증에 참여하는 지분증명방식에 암호화폐를 예치하고 그 참여지분비율만큼 데이터검증에 의해 암호화폐를 지불받으면 보상으로 지불받는 것을 말한다.
- 지분증명방식에서 가능하다.

□ **덱스거래**

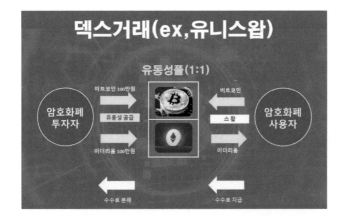

- 은행에서의 일반적인 환전은 원화를 주고 환율에 따라 달러를 환전방식으로 환전수수료를 낸다.
- 암호화폐에서의 환전은 스왑개념으로
- 비트코인을 가지고 가서 이더리움으로 환전을 하든가.

- 이더리움을 가지고 가서 비트코인으로 환전하는 개념.

- 스왑: A암호화폐를 B암호화폐로 스왑하는 것.

- A암호화폐를 B암호화폐를 환전하는 것.

- 사용자는 수수료를 지불해야 하고

- 투자자는 수수료를 분배받는다.

□ 시중은행과 디파이의 차이점

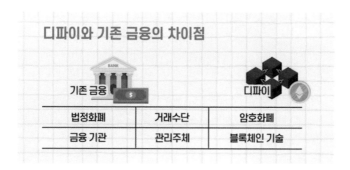

1. 사용자 계좌와 자산 관리

- 기존: 금융회사가 고객의 계좌와 자산을 직접관리.

- 디파이: 디지털 지갑과 주소 그리고 자산을 사용자가 관리.

2. 승인이나 인증절차

- 기존: 신원을 확인할 인증 절차 필요.

- 디파이: 승인이나 인증절차 필요X.

3. 다른 금융서비스와 결합

- 기존: 기존 은행 서비스와 연동하려면 은행과의 협의 필요함.

- 디파이: 디파이 서비스와 연동하려면 프로그램 코드 가져다 사용
  하면 됨.

퍼블릭 블록체인과
프라이빗 블록체인의 이해

□ 퍼블릭 블록체인의 이해

퍼블릭 블록체인

퍼블릭(Public) : 공공으로 모든 것이 제공됨

모든 거래장부는 공유된다

"노드가 되면 누구나 블록체인에 올라온 정보를 볼 수 있다 "

- 누구나 블록체인에 올라온 정보를 볼 수 있다.
- 기업의 정보를 블록체인화하면 참여하는 모든 사람은 볼 수 있기
  때문에 문제가 된다.
- 국가차원의 정보도 블록체인화되어 올라오면 노드로서 모든 거래

장부를 공유할 수 있기 때문에 문제가 된다.

- 모든 거래장부는 공유된다.

- 중앙화 시스템의 문제점은 해결되고, 장부조작, 위변조는 불가능
  하게 되었지만 정보가 공유된다는 것이 문제가 될 수도 있다.

- 누구든지 정보에 접근할 수 있다는 것이 현실적인 문제가 될 수
  있다.

□ **프라이빗(Private) 블록체인의 이해**

- 블록체인의 정신에 어긋날 수 있음.

- 허가형 블록체인이기 때문에 최상위자의 허가에 의해서 정보를
  공유할 수 있음.

- 검증에 참여하는 인원제한, 검증 속도 빨라, 빠른 처리 속도가 가능.

- 블록체인기본 유지하면서, 접근권한 가진 자만 참여.

- 블록체인에서 중앙화된 개념.

- 특정집단만을 위한 비공개 블록체인.

- 검증에 참여하는 인원제한 → 검증 소모 시간 단축.

- 접근 허용에 대한 별도권한 관리 가능.

- 단점: 블록체인 접근을 허가하는 권한 생성 → 중앙화 시스템 수용.

풀 노드와
라이트웨이드 노드의 이해

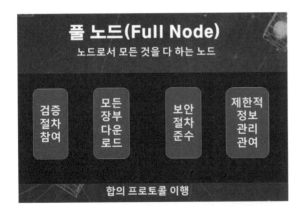

- 풀 노드Full Node: 노드로써 모든 것을 다 하는 노드.

- 검증절차 참여 → 모든 장부 다운로드 → 보안절차준수 → 제한적

　정보 관리 관여 → 안전·합의 프로토콜 이행 → 채굴.

- 모든 검증에 참여 서비스 이용 속도 저하.

- 검증절차 참여, 모든 장부 다운로드, 보안절차 준수.

- 블록체인의 현실적인 단점을 극복하기 위해서 프라이빗 블록체인
  이 등장함.

- 얼마든지 응용하여 복잡한 블록체인으로 운영할 수도 있음.

□ 라이트웨이트 노드(Light-weight Node)

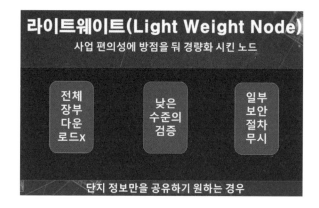

- 사용 편의성에 방점을 둔 옵션, 경량화시킨 노드.

전체 장부 다운로드 X, 낮은 수준의 검증, 일부 보안절차 무시.

- 전체에 참여하는 경우는 풀 노드로 설정하고, 단지 정보만을 공유
하기를 원하는 경우는 라이트노드로 설정하면 됨.

- 블록체인의 풀노드와 라이트 노드 적용 서버를 분리해서 운용할
수 있다.

- 가벼운 서비스 이용하려 할 경우 라이트 노드.

- 전체장부 다운로드 X → 낮은 수준의 검증 → 일부 보안절차 무시 → 기본적 서비스 이용 시 다른 풀노드를 거쳐야 함.

토큰과
메인넷의 이해

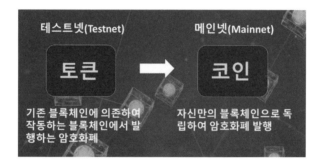

- 모든 신규 블록체인이 블록체인을 완벽히 구축해서 등장하는 것
  은 아니다.
- 기존의 블록체인을 기반으로 서비스를 시작할 수 있다.
- 기본 블록체인 입장에서도 유용한 서비스의 등장으로 인지도와
  노드를 증가시킬 수 있어서 좋다.
- 다른 블록체인을 활용해 신규블록체인을 발행하는 경우를 토큰이
  라 한다.
- 신생 블록체인이 기존의 블록체인을 벗어나 독립을 하게 되면 암

호화폐도 토큰에서 코인으로 호칭을 구분하게 된다.

- 토큰=기존 블록체인에 의존하여 작동하는 블록체인에서 발행하는 암호화폐.

- 일반적으로 블록체인 플랫폼은 거래 수수료, 채굴 보상 등을 위해 코인coin이라는 자체 지불 수단을 가진다. 이 플랫폼에서 동작하는 사용자를 위한 응용 서비스는 지속적으로 성장하고 안정적으로 유지될 수 있도록 네트워크 사용자와 참여자들을 새롭게 확보해야 한다. 이 특정 응용 서비스만을 위한 별도의 지불 수단이 토큰token이다. 토큰은 코인보다 많은 거래 수수료와 보상을 제공할 수 있어서 네트워크 사용자와 참여자들을 더 많이 유도할 수 있다. 안정적인 운영을 위한 충분한 응용 서비스 사용자가 확보되면 이 응용 서비스를 위해 독립적인 블록체인 플랫폼으로 발전할 수도 있다.

- 토큰은 독립적인 블록체인 플랫폼으로 성장할 수 있을지를 시험하는 테스트넷testnet에서의 지불 수단이라 할 수 있다.

- 일반적으로 토큰에서 코인coin으로 발전하며 테스트넷에서 토큰을 독립적으로 운영되는 블록체인 플랫폼인 메인넷mainnet에서 코인을 지불 수단으로 사용한다.

- 메인넷 런칭Main-net launching.

- 자신만의 블록체인으로 독립.

- 명칭이 토큰에서 코인으로 변경.

하드포크와
소프트포크의 이해

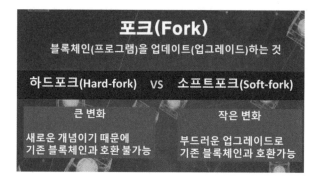

- 하드포크Hard-fork:

  호환되지 않는 블록체인을 분리시켜 개별 블록체인으로 만드는
  것. 기술적으로 큰 변화를 가져오게 되는 업데이트.

- 소프트포크Sofr-fork:

  큰 틀에서의 변화는 없으나 작은 변화 정도의 업데이트. 이전 블록
  체인과 호환이 되는 정도의 업데이트.

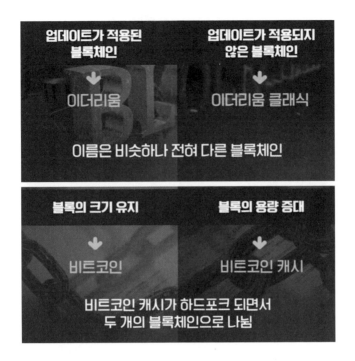

업데이트가 적용된 블록체인 → 이더리움
업데이트가 적용되지 않은 블록체인 → 이더리움 클래식
이름은 비슷하나 전혀 다른 블록체인

블록의 크기 유지 → 비트코인
블록의 용량 증대 → 비트코인 캐시
비트코인 캐시가 하드포크 되면서 두 개의 블록체인으로 나뉨

- 이더리움이 하드포크되어 이더리움클래식이 된 것이다. 두 개는 서로 호환되지 않는다.
- 비트코인이 하드포크되어 비트코인 캐시가 된 것이다. 두 개는 서로 호환되지 않으며 완전히 다른 코인이다.

암호화폐의
확장성

- 사용자가 1,000명에서 10,000명으로 증가했을 때도 문제없이 잘 돌아가는가의 문제.
- 중앙집중서버의 경우:
  사용자가 늘어난다는 것은 → 노드증가, 풀노드 증가한다는 뜻 → 해시파워증가.
- 업무량(거래량증가)+검증자 수(노드)증가 → 개별 업무처리 속도 저하.
- 거래 횟수 증가 → 빠른 속도로 블록 용량초과 → 거래시간지연 → 이체가 오래 걸려 → 블록체인 불편해.
- 해결책은 무엇일까? = 확장성 문제 해소.
- 샤딩Sharding → 인원 수만큼 분업 → 병렬처리.
  10명 모두가 100매를 검토하는 직렬처리 → 100매를 한 명당 10매 씩 나누어 검토하는 병렬처리.

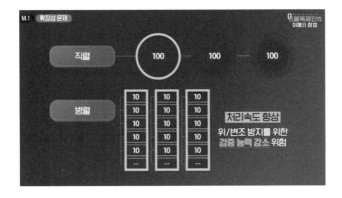

□ 오프체인 - 온체인

간소화된 검증 절차로 이체 실행.

거래장부를 취합, 거래 종료 후 한 페이지로 요약하는 것, 최종 장부만 블록체인에 등록 → 오프체인Off-chain → 간소화된 검증절차이므로 완전히 신뢰할 수 없음 → 오프체인도 블록체인의 강점(검증)을 약화하면서 확장성 문제 해결.

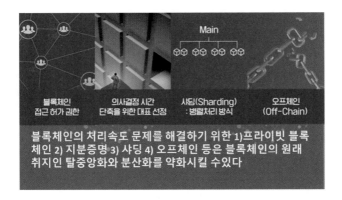

- 블록체인의 처리속도 문제를 해결하기 위해서 해야 할 것들.

  1) 프라이빗 블록체인

  2) 지분증명

  3) 샤딩

  4) 오프체인 등의 다양방법을 활용할 수 있으나

- 블록체인의 원래 취지인 탈 중앙화와 분산화를 약화시킬 수 있다.

ICO와
IEO의 차이

□ **ICO**(initial coin offering)**란?**

> **ICO**(Initial coin offering)
> 기준과 장벽이 없이 사업자가
> 블록체인 기반의 암호화폐 코인
> 을 발행하고 이를 투자자들에게
> 판매해 자금을 확보하는 방식

- 기준과 장벽(투자 및 발행방식, 최소자본금, 인원수)이 없음.

- 사업자가 블록체인 기반의 암호화폐 코인을 발행하고 이를 투자 자들에게 판매해 자금을 확보하는 방식이다.

- 코인이 가상화폐 거래소에 상장되면 투자자들은 이를 사고팔아 수익을 낼 수 있다.

- 투자금을 현금이 아니라 비트코인이나 이더리움 등의 가상화폐로 받기 때문에 국경에 상관없이 전 세계 누구나 투자할 수 있다.
- 암호화폐 상장에 성공하고, 거래가 활성화할 경우 높은 투자 실적을 기대할 수 있다. 반면 투자 리스크가 매우 큰 상품이라는 속성도 갖고 있다.
- 암호화폐 공개가 기업 공개와 다른 점은 공개 주간사가 존재하지 않고 사업주체가 직접 판매한다는 것이다. 감사가 없고 누구라도 자금 조달을 할 수 있다. IPO처럼 명확한 상장 기준이나 규정이 없기 때문에 사업자 중심으로 ICO룰을 만들 수 있어 상당히 자유롭게 자금을 모집할 수 있다.
- 따라서 '상장할 계획이 없다' '단순 자금 모집' '자금을 모집한 뒤 모습을 감췄다' 등의 사기 ICO가 벌어지는 사례도 세계 각국에서 빈번하게 일어난다.

□ **IEO(Initial Exchange Offering)란 무엇인가?**

IEO (Initial Exchange offering)

암호화폐 거래소가 사업자를 대신해서 암호화폐를 발행판매하여 사업자에게 자금을 확보해주는 방식

* ICO를 거래소가 대행하는 개념

- 가상화폐를 개발한 팀이 자체적으로 진행하던 ICO를 거래소에서 대행하는 개념이다. 거래소 상장 직전에 일정한 자격조건을 갖추고 거래소를 통해 토큰을 판매한다. 최소기능을 갖춘 제품MVP, Minimal Visible Product을 구현한 경우에만 15억 규모 이상의 토큰 판매를 할 수 있게 제한한다.
- IEO는 최근 ICO의 대안으로 떠올랐다. ICO는 해당 토큰의 상장 여부가 불명확하지만 IEO는 거래소를 통해 판매가 보장된다. 이 때문에 한 번 검증을 거친다는 점에서 투자자가 보다 신뢰할 수 있다는 장점이 있다.
- 암호화폐 거래소를 통해 투자자금 조달 기회를 제공함.
- MVPMinimum Visible Product 개발은 필수.
- 해당 아이디어가 최소한 프로그램으로 구현되어야 함.
- 개별 암호화폐 거래소에서 규정.
- ICO대비 높은 기준을 제시함.
- 각 거래소의 다양한 규정.
- 투자자 보호 가능성 높음.
- IEO 기준 통과 시 IEO절차가 진행되면 암호화폐 거래소 사용자들 대상 마케팅부터 진행과정 전반을 담당.
- 피투자자 입장에서는 별도 비용에 대한 부담이 없음.
- 뛰어난 아이디어라도 기준 미 충족시 IEO 진행불가능.
- 피투자자 입장에서는 기준 만족 절차가 장벽이 됨.

Part 2

아날로그의
디지털화 속에
부(富)의 기회가 있다

디지털트랜스포메이션
(Dital Transformation, 디지털화)

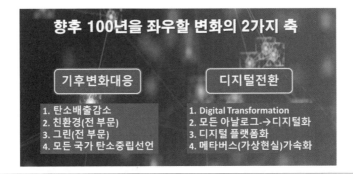

향후 100년을 좌우할 변화의 2가지 축

기후변화대응
1. 탄소배출감소
2. 친환경(전 부문)
3. 그린(전 부문)
4. 모든 국가 탄소중립선언

디지털전환
1. Digital Transformation
2. 모든 아날로그→디지털화
3. 디지털 플랫폼화
4. 메타버스(가상현실)가속화

국가별 재생에너지 정책 과제

TIGERETF

🇪🇺	**유럽**	[EU] 2050년까지 유럽 '탄소 중립 대륙' 목표 [독일] 국가 수소경제 전략 발표 및 €90 억 규모 투자 계획 공개
🇺🇸	**미국**	바이든 당선 가정 하 2050 년까지 탄소배출 중립 기후변화에 대한 국가 대응력 강화 국제공조 주도 : 파리협정 재가입, 주요국과 감축 합의/공개/준수
🇨🇳	**중국**	2060년까지 탄소배출 중립 선언 탄소중립 관련 발전시설 확대, 전기차 및 수소차 보급 강화 방안
🇰🇷	**한국**	2050년 온실가스 순배출제로 목표 & 재생에너지 3020 이행 그린뉴딜 정책 발표 (73조4천억원 투자, 일자리 65만9천개 창출 계획)

자료 : 키움증권

기후변화와 관련된 탄소중립문제 - 각국에서 선언.

- 전기차, 수소차, 풍력, 태양광발전도 모두 탄소중립일환.

- 나라나 기업이나 친환경, 그린사업이 아니면 생존불가.

- 탄소중립에 따른 친환경, 그린사업이 변화의 큰 축.

- 다른 하나는 아날로그의 디지털로의 전환시대.

❑ 대기업의 탄소중립선언

- 기업경영의 축이 'ESG'.

- 기업의 비재무적 요소인 환경Environment · 사회Social · 지배구조Governance 를 뜻하는 말.
- 'Environment' 'Social' 'Governance'의 머리글자를 딴 단어로 기업 활동에 친환경, 사회적 책임 경영, 지배구조 개선 등 투명 경영 을 고려해야 지속 가능한 발전을 할 수 있다는 철학을 담고 있다. ESG는 개별 기업을 넘어 자본시장과 한 국가의 성패를 가를 키워 드로 부상하고 있다.

□ **디지털 전환(Digital Transformation)**

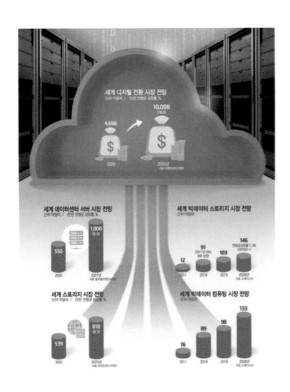

- 짧은 기간 2020 → 2025년 사이에 디지털트랜스포메이션 시장이 100% 이상 성장할 것으로 예상된다.

- 모든 것이 디지털 플랫폼, 블록체인 플랫폼화되면서 인터넷만큼 이나 세상을 변화시킬 것이다.

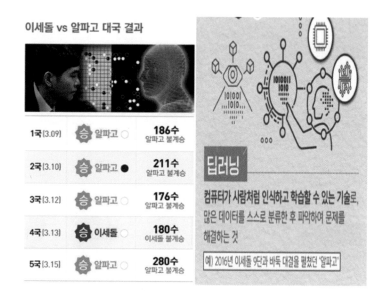

- 알파고의 딥러닝은 데이터와 AI기술의 합작품이다.

- 모여지는 빅데이터는 AI의 분석과 결합에 의해서 새로운 판단력 을 가져온다.

- 빅 데이터를 가지고 AI로 분석해서 생활과 사업에 적용한다면 엄 청난 변화를 가져올 것이다.

- 디지털 인터넷화에 의해서 우리가 사용하는 모든 정보가 → 클라우 드 → 빅데이터에 의한 Ai의 분석 및 해석 → 각종 4차 산업에 활용.

- 사물인터넷에 의한 각종 데이터의 집중화 → 4차 산업혁명 → 모든 것은 데이터에서 온다 → 모여진 데이터를 Ai가 해석하고 응용한다.
- 디지털 전환이 일어나면서 폭발적인 변화가 올 것이다.
- 인터넷에 버금가는 폭발적인 변화가 온다.
- 클라우드 전문가들의 인터뷰, "클라우드 혁신은 이제 시작" MS최고 경영자의 말.

□ 파괴적 변화-4차 산업혁명

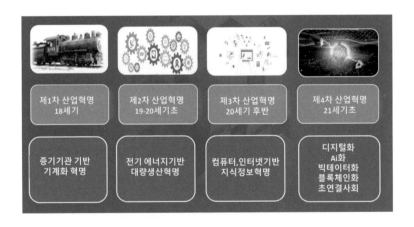

제1차 산업혁명 18세기	제2차 산업혁명 19-20세기초	제3차 산업혁명 20세기 후반	제4차 산업혁명 21세기초
증기기관 기반 기계화 혁명	전기 에너지기반 대량생산혁명	컴퓨터,인터넷기반 지식정보혁명	디지털화 Ai화 빅테이터화 블록체인화 초연결사회

- 빅데이터를 AI와 알고리즘에 의해서 분석하고 응용.
- 앞으로 통찰력은 데이터에서 온다.
- 기업 성장을 위해선 디지털 전환에 적극 나서야 한다.

- 앞으로의 IT리더들은 수집된 기업 데이터를 바탕으로 통찰력을 제시해야 한다.

- 모든 것을 디지털 전환하는 것 → 네이버, 카카오.

- MS → 인간이 하는 모든 일을 디지털로 바꿔주는 회사.

- 이런 크라우딩 서비스를 SaaS_{Software as a service}라고 한다. 클라우드 서버를 제공하는 것은 물론 클라우드 환경에서 사용할 수 있는 각 종 응용프로그램을 서비스 형태로 제공하는 것이다.

- 우리가 하는 일반적인 모든 일들을 디지털로 바꾸어주는 역할을 한다.

- 네이버와 카카오는 왜 유망한 것인가?

- '디지털 전환_{Digital Transformation}' 해주는 사업을 하는 것이 핵심전략.

- 디지털 전환 사업을 추진하기 때문이다.

- B2B사업전략 클라우드 중심으로 재편.

- 전 세계 만화와 소설을 디지털화 – 웹툰, 웹소설.

- 전 세계 청소년의 놀이터 '제페토'.

- 새로운 디지털 유통 – e-커머스.

- 디지털 쇼핑몰 – 네이버쇼핑.

□ 아날로그를 디지털로 전환하지 않으면 죽는다

- 카카오도 디지털 전환 시장을 정조준하고 B2B, B2C시장 적극공
  략 중.
- 무점포 디지털화 – 카카오뱅크.
- 무점포 화재보험 – 카카오화재보험.
- 4,500백만 카카오톡 기반 B2B2C사업 모든 분야에서 진행 중.
- 카카오택시, 카카오부동산, 카카오웹툰 – 카카오페이지.

- KT, SKT, LGU+도 모두 '디지털전환' 사업을 핵심사업으로 추
  진 중.
- 사업의 핵심을 '디지털전환'의 개념으로 전환하지 않으면 향후 회
  사의 생존이 어려워질 것이다.
- 아날로그 → 디지털로의 대전환이 시대흐름이다.
- 여러 루트를 통해서 들어오는 많은 양의 데이터를 자산으로 그 데

이터를 정리하고 응용하고 조작하여 새로운 가치를 만들어내는
것이다.

- 디지털 플랫폼을 장악하는 자가 세상을 장악한다.

- 대 디지털전환의 시대가 왔다.

- 쿠팡은 적자임에도 불구하고 한국에서 쇼핑몰의 플랫폼을 장악,
한국의 아마존으로 인식되어, 나스닥 시장에서 100조의 가치를 인
정받았다.

- 디지털화를 통한 플랫폼화하면 값어치를 매겨주는 시대.

- 새벽배송 마켓커리 - 디지털 유통 플랫폼으로 인정.

- 유기농 책임배송 오아시스 - 디지털 유통 플랫폼 인정.

- 오프라인 매장 - 이마트 시가총액 4.77조.

- 오프라인 매장 - 롯데쇼핑 3.18조.

- 아날로그가 디지털로 전환하는 것에 대한 값어치이다.

□ 에어비앤비

에어비앤비 시총 '1007억달러'..호텔 '빅3' 총액 웃돌아

2020.12.11

| 메리어트·힐튼·하얏트 시총 웃돌아

[아시아경제 뉴욕=백종민 특파원] 숙박공유업체 에어비앤비가 신종 코로나바이러스감염증(코로나19) 사태 속에서도 상장 첫날 시가총액 100조원을 돌파했다. 하얏트, 메리어트, 힐튼 등 기존 호텔업계 대표주자들의 시총을 모두 합한 것보다도 많았다. 코로나19사태 이후 여행업 회복과 스타트업 기업공개(IPO)에 대한 투자자들의 기대감이 반영된 것으로 풀이된다.

경제
에어비앤비, 상장 첫날 112% 급등...기업가치 1,000억달러

2020년 12월 11일 11시 00분 | 댓글

- 호텔 하나 없는 에어비앤비가 어떻게 호텔빅3의 시가총액을 뛰어
  넘을 수 있었을까?
- 에어비엔비 – 숙박시장을 디지털플랫폼으로 바꾸었기 때문이다.
- 디지털 플랫폼 회사들이 오프라인 회사들을 모두 뛰어넘고 있다.
- 시대적 요구가 '디지털 전환(Digital Transformation)'이다.
- 마지막 남은 아날로그 종이화폐, 결국, 디지털화폐(암호화폐)로 갈 수
  밖에 없을 것이다.
- 화폐도 아날로그화폐(종이, 동전) → 디지털화폐(암호화폐)로 전환.

- 디지털 자산-디지털지갑으로 대전환.

- 아날로그(종이, 동전)화폐도 디지털(암호)화폐로 갈 수밖에 없다.

- 중국이 CBDC(법정암호화폐), 디지털위안화를 가장 먼저 시범운영하고 있으며 상당히 성공적인 것으로 예상되고 있다. 다른 모든 나라들도 영향을 받아, 모두 나라별 CBDC를 도입할 것으로 예상된다.

- 중국은 디지털위안화를 세계적 기축통화로 만들기를 간절히 바라고 있으며 모든 나라에서 가장 먼저 시행하고 있으며 여러 도시에서 실험도 충분히 성공을 거두고 있다. 전 세계에서 가장 앞서가고 있다.

□ 아날로그 시대 → 디지털 시대로의 변화

Token Economics(토큰 경제시대)

블록체인 기술을 활용한 위조·변조 불가 신뢰로 아날로그의 모든
자산을 디지털 토큰화하여 글로벌적으로 거래가 가능하다.

- 1,000억짜리 건물을 담보로 토큰을 발행하여 1만 원 단위로 토큰
  화한다면 다양한 서민들도 1,000억짜리 건물의 자산가치 상승 및
  임대수익의 분배에 참여할 수 있어, 부의 균등배분이 가능해진다.
  현재의 시스템이 부익부 빈익빈의 시대라고 한다면 모든 사람이
  균등한 기회를 가질 수 있는 시대를 구현할 수 있는 것이다.
- 무형의 자산도 그것을 담보로 디지털 토큰을 발행하면 그 무형의
  자산의 가치가 상승하면 그 효과를 같이 누릴 수 있다.

□ 디지털 자산 개념도

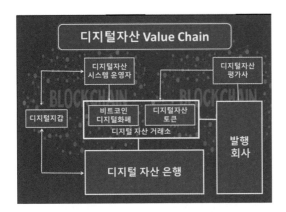

- 리츠의 개념과는 다르다. 리츠는 우리가 선택할 수 없지만, 디지털 자산의 토큰화는 우리가 가능성 있는 것을 선택할 수 있고, 그 자산의 가치에 따른 효과도 누릴 수 있으며, 언제든지 그 토큰을 현금화할 수도 있다.
- 이러한 모든 자산의 토큰화는 블록체인이라는 기반 위에서 성립하기 때문에 위조, 변조가 없는 신뢰의 기반 위에서 이루어진다.

□ 데이터가 자산으로서 돈이 되는 시대가 온다

- 데이터도 디지털 자산으로서 돈이 되는 시대가 되었다. 우리의 데이터를 우리의 허락도 없이 마구 분류하여 돈을 버는 중앙서버(플랫폼화기업)들은 앞으로 우리에게 데이터사용료를 어떤 형태로든지 지

불해 주어야 할 것이다.

- 우버의 경우를 예로 들면, 우버는 자기 차가 하나도 없는 상황에서 차를 타려는 사람과 차를 운전하는 사람을 연결해 주는 것만으로 엄청난 부를 창출하고 있는데, 정작 데이터를 창출하는 사람은 고객과 차를 운전하는 사람임에도 그들에게는 혜택이 전혀 없고 우버가 데이터로부터 창출되는 모든 혜택을 누리고 있다.

- 향후 이러한 데이터를 생성해 내는 고객이나 운전자에게도 데이터생성에 대한 보상을 할 수 있도록 해주는 것이 블록체인기반 토큰화이다.

- 유럽에서는 데이터의 주권화 선언. 유럽연합의 개인정보보호규정 GDPR General Data Protection Regulation 제시.

- 데이터 자산 거래 플랫폼=데이터 경제의 핵심 엔진.

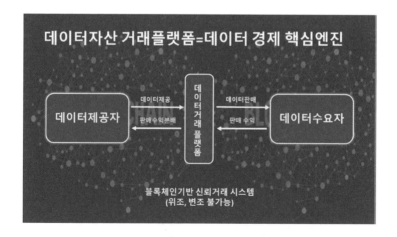

- 현재의 상황을 생각해 보자. 카카오나 네이버의 경우, 카카오, 네이버 사용자가 카카오페이나, 카카오택시, 카카오뱅크, 카카오검색, 카카오페이지 등등을 사용하는 경우 그의 모든 데이터가 카카오 서버에 저장되며, 카카오는 인공지능을 활용해 데이터를 분석하여, 광고업자들에게 정보를 제공한다고 생각해 보자.
- 광고업자에게 맞춤형 정보를 제공함으로써 엄청난 광고수익을 거두고 있는데 이런 데이터를 생성한 고객에게는 어떠한 수익도 제공되고 있지 않다.
- 하지만 앞으로는 고객의 데이터주권을 지키려는 운동이 적극적으로 모든 분야에서 일어날 것으로 예상하고 있다.
- 앞으로는 모든 데이터가 자산이 되는 시대가 올 것이다.
- 데이터를 생성하는 사람에게도 그 데이터로부터 발생하는 수익의 일부를 분배해 주어야 할 것이다.

□ **아날로그폰 → 디지털폰(스마트폰)으로의 변화**

- 2007년 애플의 스티브 잡스가 아날로그폰을 디지털화한 디지털 아이폰을 출시했다.

- 이전까지는 노키아, 모토로라, 삼성, LG, 소니가 세계 최상위의 회사들이었다.

- 2007년 아이폰이 출시되고 나서 디지털 스마트폰에 적응한 회사는 살아남고 적응하지 못한 회사는 쇠퇴했다.

- 애플이 절대적인 위치를 점유하고 있고

- 바로 적응한 삼성이 스마트폰 판매숫자에서는 세계1위이나 판매 수익면에서는 애플이 1등이고, 애플은 시가총액 세계 1위가 되었다.

- 디지털화에 적응하지 못한 노키아, 모토로라, 소니, LG는 도태되었다.

- 모든 분야에서 디지털트랜스포메이션(디지털화)이 이루어지고 있고, 적응하지 못하는 회사나 개인은 도태되고 만다.

□ **토이저러스**(디지털로 망함) → **아마존**(디지털화)

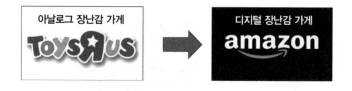

- 토이저러스는 오프라인 글로벌 전문장난감 매장.

- 1948년 제2차 세계 대전을 마치고 돌아온 토이저러스 설립자인 찰

스라자루스는 장난감 가게 소매점을 설립.

- 한참 베이비붐이라 아이들 용품 유망할 것으로 판단.

- 대형 슈퍼마켓형태의 장난감 가게로 확장.

- 싸게 판매하는 전략으로 승부.

- 점점 더 성장하여 토이저러스는 1978년 전세계 1,450개 지역에 18,000개의 다양한 장난감을 팔았으며

- 전 세계 25%의 점유율을 지녔다.

- 오프라인 → 온라인으로의 상거래 변화.

- 토이저러스는 매출액이 점점 낮아졌다.

- 체험형 매장을 설치했으나 체험만 하고 정작 매수는 아마존온라인쇼핑몰에서 했다.

- 2017년 9월 18일 파산신청.

- 아이들 장사(오프라인매장)는 망하지 않는다는 말은 이제 옛말이다.

□ **블록버스터(디지털화로 망한 기업) → 넷플릭스**

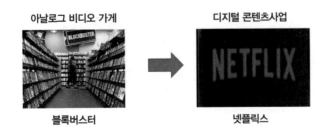

아날로그 비디오 가게 · 블록버스터

디지털 콘텐츠사업 · 넷플릭스

- 디지털화되면서 전 세계적으로 있던 수십만 개의 비디오가게는 하

나의 콘텐츠 플랫폼 회사인 넷플릭스에 의해서 다 망하게 되었다.

- 한 분야가 디지털화되면 그 숫자가 얼마라도 아무 상관없이 하나의 플랫폼이 오프라인의 모든 가게를 대체하게 된다.

- 블록버스트사의 설립자 존 안티오코:

2000년 갓 태어난 기업 넷플릭스의 설립자 리드 헤이스팅스는 넷플릭스 인수를 제안하기 위해 미국 텍사스주 북부의 댈러스로 날아간다. 하지만 존 안티오코는 온라인 시장을 그리 긍정적으로 보지 않았고 제안을 거절했다. 당시 블록버스터는 수익성 높은 전국에 체인을 가지고 있는 대형 비디오 대여점이었기 때문에 거절할 만했다. 1993년 블록버스터가 처음 등장한 이후로 10년도 안 되어 공격적인 확장으로 그 회사는 거의 3,600개의 점포를 소유하기도 했기 때문이다.

- 체인 사업에서 여러 번 성공했던 이력을 가지고 있던 안티오코가 경영 능력이 부족한 것도 아니지만 그의 뛰어난 통찰력으로도 온라인 스트리밍 시장까진 예측할 수 없었던 것이다. 꾸준히 성장한 넷플릭스가 점차 발을 넓혀 현재 블록버스터 가치의 10배에 달하는 280억 달러, 한화 약 33조 4천억 원의 규모가 되었다.

- 한때는 미국, 캐나다, 일본 등 전 세계적으로 9,000여 개의 매장을 보유하기도 했던 블록버스터는 2010년 망하게 된다.

- 리더의 가장 중요한 능력은 시대흐름을 파악하고 빠른 결단을 내리는 것이다. 항상 전체의 흐름을 파악해야 한다. 높은 자리일수록 판단력이 가장 중요하다.

□ **야후**(변화 주저함으로 망함) → **구글**

YAHOO! ➡ Google

- 야후는 다음, 네이버와 같은 국산 포털 사이트를 압도할 정도의 점
  유율을 자랑했다. 멜론이전에 야후 뮤직, 유튜브 이전에는 야후
  TV가 있었다. 네이버 지식인 이전에 야후Answerask가 있었다.

- 현재 우리가 당연하게 여기는 많은 앱과 서비스는 야후에서 개발
  되었거나 빠져나가 각각의 기업들로 탄생한 형태가 많다.

- 게다가 야후는 검색기능이 제대로 발달되지 않았을 때 전화번호
  부처럼 분류를 해서 정보를 제공하는 디렉트리 방식을 채택해 하
  루에 9,500만 페이지뷰가 나오는 가장 인기 있는 검색엔진이 되었
  고 이는 주요 경쟁 상대에 비해 3배나 많은 수치였다.

- 야후가 내리막길을 걷게 만든 그 시작점은 구글의 등장이었다. 스
  탠포드대 박사 과정에 있었던 페이지와 브린은 그들이 개발한 검
  색엔진을 사줄 것을 야후에 제안했다. 하지만 제안을 거절당하자.
  그들은 직접 회사를 차렸다. 그들이 차린 회사가 바로 현재 최고의
  검색엔진기업인 구글이다.

- 이때 그들이 제안한 가격은 단돈 백만 달러(한화 11억 원)였다. 야후의
  관계자였던 링은 이 후회스러운 일을 다음과 같이 표현했다. "백
  만 달러의 가격은 아마도 실리콘 밸리, 미국, 모든 행성과 지구 그
  리고 은하수의 역사를 통틀어 최고의 딜이었을 것입니다."

- 2006년 야후는 세기의 또 다른 천재 마크 주커버그에게 페이스북의 인수와 합류를 제안했다. 인수 금액은 무려 십억 달러에 달했으나 마크 주커버그는 이 제안을 거절했다.
- 그리고 서서히 구글, 페이스북 등에 이용자를 뺏기면서 야후의 광고수익은 점차 악화되어 갔다. 현재는 야후의 지분 대부분이 미국의 이동통신사인 버라이즌에 매각돼서 아주 작은 자회사 형태로 남아있다.
- 기회를 알아보고, 기회가 왔을 때 주저하지 말고 잡아야 하는 이유를 역사는 말해 주고 있다.

코닥의 몰락
(변화를 두려워하면 망한다)

□ 변화에 적응하지 못하면 코닥처럼 망한다

- '필름 = 코닥'이라고 할 정도로 필름시장의 절대강자.

- 100년 가까이 최고.

- 1981년 매출 100억 달러 달성.

- 필름카메라와 필름의 전성시대.

- 아날로그 카메라와 아날로그 필름으로 세계 제패.

필름(아날로그 방식)   이미지 센서(디지털 방식)

- 1990년 말 디지털카메라 등장하면서 급속한 하락의 길.

- 디지털카메라는 소니, 캐논, 후지 등으로 넘어감.

- 아날로그 카메라, 아날로그 필름의 급감으로 매출급감.

변화에 대한 주저함은 파산을 가져온다

아날로그 카메라   Digital transformation   디지털 카메라

- 과거의 미련을 버리지 못하고 집착하는 사이 세상은 완전히 바뀌
  게 되었다.

- 우리는 변화를 해야 한다. 개인도 그렇고 기업도 그렇다. 변화하지
  않으면 도태되는 것이다.

- 성공에 안주하는 순간 미래에는 패배의 맛을 보게 될 것이다.

□ 디지털카메라기술 최초 개발자는 코닥

- 디지털카메라의 최고 개발자는 코
  닥이었다.
- 조만간 필름을 사용하지 않을 것이
  라는 내부보고서가 있었는데 최고
  경영자들은 그것을 무시했다. 결국
  매출액은 급감하고 존폐의 위기를
  느끼게 되었다.

- 디지털 카메라시장은 소니와 캐논, 후지가 주요 경쟁자로 자리 잡
  게 되었다.
- 21C 사람들은 굳이 인쇄를 하지 않고 공유하고 보관한다.
- 카메라도 필름도 잘 안 되어 결국 파산하게 되었다.
- 현재 안주하지 말고 변화에 적응해야 기회를 잡을 수 있다.

□ 2012. 1월 코닥 파산보호신청

- 15만 명의 직원이 1.5만 명으로 줄어들
  고 결국은 파산하게 되었다.
- 실패의 원인:
  1. 트렌드 변화 감지 실패, 과거의 정체성

에 안주.

2. 과거의 기술과 비즈니스 모델에 집착.

3. 소비자의 사진사용 패턴 변화를 이용하는 데 실패.

4. 시장에 기반한 다각화 실패.

- 현재의 이익만을 생각하고 미래에 대한 변화의 준비를 하지 않은 것이 파산의 결정적인 원인이다.

- 변화 속에 큰 부富의 기회가 있다는 것을 명심하자.

□ 변화를 대하는 자세(변화 속에 부(富)의 기회가 있다)

- 현재의 성공에 안주하여 확실한 메가트렌드의 변화를 주저한다면 성공에서 멀어진다.

- 현재의 성공에 안주하는 것은 새로운 기회나 위험에 대해 생각하는 데 있어 우리의 시야를 흐리게 할 수 있다.

- 최고의 기회는 방향은 분명한데 지금은 혼란스러워 보일 때이다. 항상 최고의 기회는 그렇게 온다.

- 카카오 최고의 투자기회는 1999년도 초기이다.

- 카카오는 1999년에는 주가가 1,058원이었다. 2021년 6월 18일 현재 약 150배 오른 157,500원이다. 1999년의 상황은 혼란스러웠다. 문자를 공짜로 쓴다고만 알고 있었지, 공짜로 쓰는 전 국민을 플랫폼화해서 무수히 많은 사업을 할 줄 누가 알았겠는가?

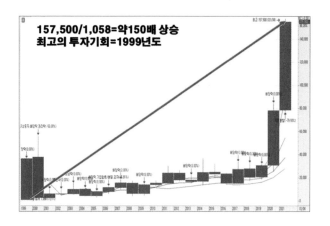

157,500/1,058=약150배 상승
최고의 투자기회=1999년도

- 최고의 투자를 하려면 미래를 보는 눈이 필요하다. 1999년 카카오
는 아직 적자 상태였고, 명확한 비즈니스 모델도 없었다. 그리고
기존 통신사들인 KT, SK텔레콤, LGU+로부터 고소도 당한 상태
였다. 하지만 그때가 최고의 기회였다.

□ 아마존 최고의 투자 시기는 30년 전 혼란스러운 상황

아마존 닷컴 AMZN 나스닥 증권거래소

3,087.07 ▼-50.43 (-1.61%)   유망업종=아마존처럼 성장할 분야

30년간 : 4,725배 성장
1억--→4,725억

- 아마존은 30년 전에 비해 주가가 4,725배가 상승했다. 하지만 30년 전 책은 서점에 가서 직접 골라서 사는 것이란 인식이 팽배했고, 온라인을 통해서 무엇인가를 구매한다는 아이디어에는 아직 신뢰가 충분히 가지 않았다. 잘 될지 안 될지 분명하지 않았다.
- 하지만 어수선한 그때가 최고의 기회였다.

□ 암호화폐투자 - 지금이 최고의 기회이다

- 세상의 모든 것이 디지털화되고 있다. 화폐도 아날로그화폐(종이, 동전화폐)에서 디지털화폐(암호화폐)로 바뀔 것이다.
- 세상의 모든 기반이 디지털이기 때문에 거기에서 사용되는 화폐도 디지털이어야 한다. 왜냐하면 디지털화폐가 편리하기 때문이다.
- 디지털 세상, 메타버스(가상세계)의 세상에서 통용되는 것이 모두 디지털화폐이다.
- 변화의 방향은 분명하다. 지금의 시점은 초기상황이다. 합법이니 불법이니 하면서 시끄럽다. 정부에서 강력한 통제와 관리를 한다고 한다.
- 지금이 바로 30년 전의 아마존 상황이며, 20년 전 카카오의 상황이다. 지금이 바로 최고의 기회인 것이다.

메타버스(Metaverse)가
암호화폐를 발전시킨다

- Meta^Beyond(초월, 가상) + Verse^Universe(세계, 우주).

- 정치, 경제, 사회, 문화의 전반적 측면에서 현실과 비현실 모두 공
  존할 수 있는 생활형, 게임형 가상세계라는 의미로 폭 넓게 사용되
  고 있다.

- 현실세계를 의미하는 'Universe(유니버스)'와 '가공, 추상'을 의미하는
  'Meta(메타)'의 합성어로 3차원 가상세계를 뜻한다. 메타버스에는

가상세계 이용자가 만들어내는 UGC^{User Generated Content}가 상품으로서, 가상통화를 매개로 유통되는 특징이 있다. 미국 IT 벤처기업인 린든랩이 만든 세컨드 라이프^{Second Life}의 인기가 증가하면서 메타버스에 대한 관심이 크게 높아지고 있다.

- 이 용어는 원래 닐 스티븐슨의 1992년 소설 '스노우 크래시^{Snow Crash}'로부터 온 것이다. 요즘은 완전히 몰입되는 3차원 가상공간에서 현실 업무 뒤에 놓인 비전을 기술하는 데 널리 쓰인다. 가상공간의 서로 다른 등장인물들은 사회적이든 경제적이든 소프트웨어의 대리자들(아바타로서)과 인간적 교류를 하고 현실세계의 은유를 사용하지만 물리적으로 제한은 없다.

- 영화: 레디 플레이어 원(스필버그)

- 인터넷의 다음 버전이 될 것이라고 예상하고 있다.

- 구글, 페이스북, 마이크로소프트 등이 메타버스에 집중하는 이유는 이곳에서 돈이 되기 때문이다.

- 아크인베스트먼트, 캐시우드는 10년간 100배 성장할 산업이다.

- 현실이건 가상이건 사람들이 모이는 곳에는 돈이 모이고 홍보의 장으로 활용될 수 있다.

- 현재 10대들이 가장 많이 모여드는 곳이 메타버스이고, 가장 오래 머무르는 곳이 메타버스이다.

- 메타버스에서 통용되는 화폐가 암호화폐이다.

□ 스노우 크래시에서 아바타라는 단어가 최초 등장

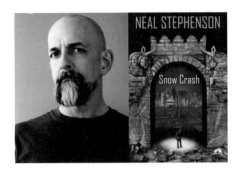

- 1992년 닐 스티븐슨 소설 '스노우 크래시'에 등장.
- 젠슨 황 "메타버스는 인터넷 뒤를 잇는 가상공간"
- VR. AR에 의한 가상현실.
- 게임 포트나이트에서 열린 트래비스 스캇 콘서트-1,230만 명 접속-게임 내 아이템 판매 수익 2,000만 달러 달해.
- 미국 17세 이하 전체의 70% 이상이 유튜브보다 메타버스에서 더 활동.
- 페이스북-소셜네트워크 회사.
- 오큘러스2-VR 없어서 못 팔 정도.
- 네이버의 제페토 2억 명의 이용자.
- 네이버의 가상화폐 잼=100원 정도.
- 구찌, 나이키 등 옷 팔아-홍보효과 크다.

□ 2018년 스필버그 감독 영화: 레디 플레이어 원

- '레디 플레이어 원'은 HMD를 착용하고 러닝패드 위에서 만나는 새로운 세상을 배경으로 한다. 물론 현실세계도 배경이긴 하지만 영화의 주무대는 단연 가상세계이다.

- 주인공은 할리데이가 사후 남겨놓은 마지막 퀘스트인 이스트에그를 찾기 위해 미션에 도전한다.

- 현실에서 일어나는 모든 요소의 경제활동이 가상현실 속에서 이루어진다. 암호화폐를 매개체로 현실에서 사용되는 각종 물건을 구매할 수도 있다.

- 게임에서 암호화폐를 얻을 수도 있고

- 각종 경제활동을 통해서 암호화폐를 수집할 수 있고

- 그 암호화폐로 많은 것들을 구입할 수도 있다.

- 메타버스 안에서 모든 경제행위가 가능하다.

- 메타버스의 확장속도가 상상을 초월한다.

□ 메타버스가 발전하는 만큼 암호화폐가 발전한다.

- 가장 대표적인 메타버스

  : 로블룩스, 포트나이트, 마인크래프트, 제페토, 동물의 숲

- 가상과 현실이 상호작용하면서 새로운 세계를 창조한다.

  메타버스의 이용자들이 아바타를 이용해 단순히 게임이나 가상현실을 즐기는 데 그치지 않고 사회 문화적 활동을 하여 경제적 가치를 창출하고 소유, 투자, 보상을 받을 수 있는 세계를 '메타버스'라 부른다.

- 3차원 그래픽의 가상공간일 뿐 아니라 가상과 실제 현실이 상호작용하면서 새로운 세계를 창조하고 있다.

- 가상세계에서의 경제적 활동이 현실세계에서의 경제이익으로 연결된다.

□ 미국에서 상장된 메타버스

- 2004년 시작된 로블룩스 메타버스 플랫폼.

- 2020년 8월 기준 월 사용자 1억 6,400만 명 돌파.

- 미국 16세 미만 아이들의 절반 이상이 즐겨.

- 유튜브보다 로블룩스서 2.5배의 시간 보내.

- 로블룩스 스튜디오로 다양한 주제의 게임 제작가능.

- 자체 암호화폐 시스템 '로벅스'를 벌어서 사용.

- 사람이 많이 모이는 곳에 항상 돈이 있다.

- 10년 내 100배 성장할 산업으로 기대되고 있다.

- 미국의 게임 플랫폼이자 '메타버스'의 대표격인 회사.

- 2004년 설립된 이 회사는 '미국 초딩의 놀이터'로 불린다. 미국의
  16세 미만 청소년의 60%가 로블룩스에 가입하고 있다. 이들은 레
  고 모양의 아바타를 이용해 가상세계 내에서 스스로 게임을 만들
  거나 다른 사람이 만든 게임을 즐긴다.

- 로블룩스는 2020년 코로나19 팬데믹(대유행) 수혜로 매출이 전년 대
  비 82% 증가한 9억2400만 달러에 달했다.

□ 포트나이트

- 에픽게임즈에서 2017년에 출시한 게임.

- 2020년 이용자수 3억 5천 만 명 돌파.

- 미국 청소년 40%가 전체 여가의 25% 보내는 곳.

- 참가자가 싸우지 않는 '파티로얄' 중립지대.

- 배틀로얄Battle Royal 구조의 메타버스.

- 배틀로얄은 프로레슬링에서 한 링에 여러 선수가 동시에 올라가
  경기를 시작하여 최후에 남는 1인이 승리하는 방식.

- 프로레슬링이 아닌 다른 경기나 게임에서도 여럿이 동시에 겨뤄서
  최후에 남는 생존자가 승리하는 규칙을 배틀로얄이라고 부른다.

- 중립지대인 '파티로얄'에서 많은 활동이 이루어지고 있다. 파티도
  하고, 공연도하고, 뮤직비디오를 발표하기도 한다.

□ 포트나이트 내에서 공연하는 트래비스 스콧

게임 포트나이트 안에서 환상적인 콘서트를 구현한 트래비스 스캇

- 동시 접속자 1,230만 명.
- 작년 4월 화제를 모았던 '포트나이트Fortnite' 게임 내 트래비스 스콧 Travis Scott의 가상 콘서트가 총 45분 공연으로 2,000만 달러(한화 약 220억 원)를 벌어들인 것으로 집계됐다. 스콧의 2019년 공연 콘서트 투어의 1일 매출이 170만 달러인 것에 비하면 수익성 면에서 비교 가 되지 않는 엄청난 성공이었던 것이다. 코로나19 팬데믹 이후, 트래비스 스콧의 공연과 같은 인게임in-game 이벤트가 음악 및 엔 터테인먼트 업계의 미래 수익원으로 주목받았는데, 실제 경제적 성과가 확인됨에 따라 2021년에는 유사한 시도가 줄을 이을 것으 로 보인다.
- 온라인과 오프라인의 경계가 모호해지는 메타버스Metaverse 시대 가 가까워지면서, 게임이 주류 메타버스였으나 앞으로는 메타버 스가 새로운 엔터테인먼트 플랫폼이 될 것이란 기대감도 커지고 있다.

□ BTS 포트나이트에서 다이너마이트 공연

- 포트나이트라는 게임 속에서 뮤직비디오를 공개했다. 그러면 잘 이해가 안 되실 수도 있다. 이번에 '다이너마이트'라는 곡이다. 보통 우리가 공개하면 유튜브나 TV에서 공개한다. 그런데 그게 아니라 '포트나이트'라는 게임 속에서 뮤직비디오를 공개했다.

- 3억 5000만 명이 한 곳에 모여서 게임을 하는 이런 거라고 보시면 될 것 같은데, 그런데 이 게임이 그래픽이 엄청 좋다. 그래서 그래픽이 우리가 있는 여러 가지 세상들을 거의 다 구현할 수 있을 정도의 엄청난 엔진을 가지고 있다. 미국에서 10세에서 17세 청소년의 40%가 매주 한 번 이상 이 게임에 접속하고 있고, 전체 여가 시간의 25%를 사용할 정도로 상당히 미국에서 특히 더 인기가 있는 게임이다. 그런데 이 게임의 특징 중 하나가 총싸움을 하는 게임인데, 갈수록 총싸움하는 것은 게임의 본질이 아니고, 오히려 중립지대인 '파티로얄'에서 아무 의미 없이 노는 이런 것들이 늘어나고 있다.

□ 네이버의 메타버스 '제페토'

- 제페토ZEPETO란?

제페토는 네이버의 자회사 네이버Z가 운영하는 증강현실 아바타 앱 서비스로 2018년 출시되었다. 얼굴인식과 증강현실, 3D기술을 이용해 '3D 아바타'를 만들 수 있으며 아바타의 활동 무대인 월드를 기반으로 다른 이용자들과 소통하거나 가상현실 경험을 할 수 있는 서비스이다.

- AR 콘텐츠 게임과 SNS 기능을 모두 사용할 수 있으며 누구나 쉽게 가입이 가능하다. 제페토 친구와 팔로우를 하거나 함께 사진을 찍고 음성채팅까지 할 수 있어 이용자들과 빠르게 친구가 될 수 있다. 전 세계적으로 약 2억 명이 넘는 이용자가 있는데, 특히 이용자의 80%가 10대에 포진되어 있을 정도로 Z세대에서 큰 인기를 끌고 있다.

- 최근 HYBE, YG엔터테인먼트, JYP엔터테인먼트가 모두 네이버제트 제3자 배정 유상증자(170억 원 규모)에 참여하기로 하기도 하였다.

그만큼 엔터테인먼트 사업에 메타버스를 접목할 요소가 많다는 의미로 보여진다. 제페토에서는 방탄소년단, 블랙핑크 등 소속 가수의 3D 아바타를 만들어 랜덤댄스 퍼포먼스를 보여주기도 했다.

- YG엔터테인먼트 소속 아티스트 블랙핑크는 지난해 6월 제페토에서 블랙핑크의 3D 아바타를 처음 선보였는데, 9월에는 'Ice Cream'이라는 신곡을 발표하면서 버추얼 팬사인회를 제페토에서 진행했다. 2주간 진행되는 팬 사인회에서 총 36개의 사인을 모두 모은 팬에게는 특별한 보상이 주어지며, 추첨을 통해 사인 CD와 실물 굿즈를 증정했는데, 4,600만 명이 넘는 이용자들이 다녀갈 만큼 인기가 높았다. 또한 블랙핑크의 제페토 캐릭터를 활용한 'Ice Cream' 댄스 퍼포먼스 뮤직 비디오는 한 달만에 유튜브에서 7,200만 뷰를 돌파했다.

청와대의 가상 어린이날 행사

코로나19로 인한 가상 졸업식

- 조 바이든 전 부통령 대선캠프 홈페이지에 게임 '동물의 숲' 속 바이든 전 부통령과 해리스 상원의원의 캐릭터가 게재돼 있다.
- 미국 민주당 대선 후보인 조 바이든 전 부통령 캠프가 선거 활동에 닌텐도 게임 '동물의 숲'을 활용하기로 했다고 일본 니혼게이자이 신문이 2일 보도했다. 게임 등 온라인 콘텐츠에 익숙한 밀레니엄 세대(24~39세)를 잡기 위한 대선캠프의 움직임이 빨리지는 모습이다.

□ 엔비디아 CEO 젠슨황의 말(2020. 10), 엔비디아의 미래 먹거리 = 메타버스

- "지난 20년의 발전이 놀라웠다면 다음 20년은 SF영화와 다를 바 없을 겁니다. 메타버스 시대가 오고 있습니다. 베타버스는 그저 게임을 위한 공간이 아닙

니다. 우리는 메타버스에 미래를 만들 겁니다."

- 협업툴로서 활용하고 있다.

- 현실과 똑같은 실험이 가능하다.

- Ai, 로봇, 자율 주행차의 시뮬레이션 공간으로 활용 가능하다.

- Ai+5G+클라우드+AR, VR+슈트로 메타버스 발전할 것이다.

- 차세대 성장 산업이란 사실을 부정하기는 힘들다.

- 현실 제품의 성능 등을 메타버스의 세계에서 시뮬레이션으로 구
  현, 미리 그 장단점을 분석하여 제품이 나오기 전에 업그레이드할
  수 있는 시험의 장으로 활용할 수 있다.

- 메타버스 세계에서는 진짜로 경제행위가 이루어지고 있다.

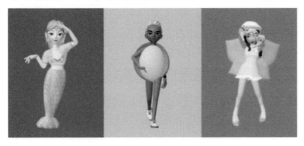

가상현실 속 아바타 의상 팔아 월 300만원 수입

<크리에이터 '렌지lenge'가 제작해 인기를 끌고 있는 제페토 스튜디오 패션
아이템>

가상현실 속에서 자신만의 아바타를 만들어 소셜활동을 즐기는 사람들이
늘어나면서 아바타를 꾸미는 의상과 패션 아이템을 판매하는 시장도 커지고 있다.

네이버는 가상현실 아바타 플랫폼 제페토(ZEPETO) 서비스 안에서 아바타 꾸미기
아이템 거래액이 8억원을 넘었다고 4일 발표했다.

- 현실이건 가상이건 사람들이 모이는 곳에는 돈이 모이고 홍보의 장으로 활용될 수 있다.
- 메타버스 안에서 프로그램을 개발하여 엄청난 수익을 벌어들이는 사람들이 늘어나고 있다.
- 진짜를 얻을 경제력을 갖추는 순간 가짜는 멀리하게 된다.
- 메타버스 안에서 경제활동이 이루어지면서 암호화폐를 매개로 현실세계로도 연결된다.
- 청소년이 되어도 가능한 메타버스로 확장될 것
- Z세대 이하의 시장으로서는 주목해야 한다.
- BMi기술이 발전한다면 잠재력을 폭발시킬 것

- 기대감의 판매, NFT화된 위조, 변조 불가의 것들이 판매.

- 내가 원하는 건설가능, 아이템 구매, 일탈행위.

- 내가 원하는 세계를 만들고 내가 원하는 나를 만들고 내가 원하는
  사람을 만나는 공간.

- 이미 가상의 세계에서 땅도 팔고, 건물도 팔고

- 각종 게임을 개발하여

- 그 게임을 이용하는 사람들로부터 수익도 내고 있다.

- 미리 10대들을 고객으로 장악한다면

- 그들이 메타버스에서 익숙하게 구매했던 유명브랜드들이 현실 세
  계에서도 그대로 연결될 것이다.

- 메타버스를 장악하는 것은 미래의 고객을 장악하는 것이다.

메타버스의 시대가 온다

- 인터넷의 다음 버전 = 메타버스
- 스마트폰의 다음 버전 = 메타버스
- 유튜브의 다음 버전 = 메타버스
- 가상현실 경제활동 = 현실 경제활동 연결
- 10년 내 100배 성장할 분야

- 인터넷, 스마트폰 다음에 오는 세상은 메타버스가 될 것이다.

- 나이, 성별, 직업 등 차별이 없는 공간이기 때문에 매력적이다.

- 메타버스 공간에서는 외톨이가 되기도 쉽지 않다.

- 메타버스 안으로의 출근이 가능해지는 재택근무가능.

- 메타버스 속 근무에서는

- 사무실 필요X/사원 버스 필요X/수많은 사무기기 필요X.

- 식당운영 필요X/인력 최소화 가능O/평가의 용이함O.

- 담배타임까지 간섭가능O/철저한 감시O.

- 가상현실 안에서의 작업을 관리하고 감독하는 알고리즘에 의해서
  평가, 점수화되기 때문에 논다는 것은 생각도 할 수 없다.

- 넷플릭스의 창업자이자 CEO인 리드 헤이스팅스는 "넷플릭스의
  최대 경쟁자는 디즈니가 아닌 포트나이트다"라고 말했다.

- 메타버스가 획기적으로 늘어나고 사회 전반에서 활용될수록 가상
  세계에서 사용되는 암호화폐는 메타버스의 확장속도와 함께 확장
  될 것으로 기대할 수 있다.

▫ 메타버스 안으로 출근하는 재택근무

- 메타버스 안으로 출근하여 메타버스 안에서 일하는 시대가 올 수도 있다.
- 고용주입장에서는 관리하고 감독하기도 훨씬 편하다.
- 재택근무한다고 놀 수 있다는 생각은 절대할 수 없다.
- 만약 메타버스(가상현실) 사무실에 출근해서 일을 한다면 가상현실미팅/이동시간 없음, 언어장벽 없음.
- 모든 자료 이용가능/ 모든 대화, 자료 백업가능.
- 무한한 인원 참여가능한 회의실.
- 메타버스 안에서는 언어장벽 아무 문제 없어 200개국 언어 소화가능.
- 최소 10년 안에 100배 증가할 수 있는 분야가 메타버스이다.

CBDC(법정디지털화폐)가
암호화폐를 발전시킨다

□ **CBDC**(Central Bank Digital Currency)**란?**

⬚ 디지털화폐의 구분

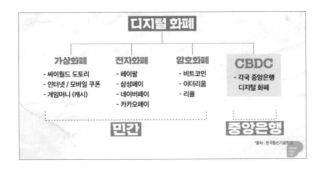

- 중앙은행이 디지털의 형태로 발행하는 법정화폐를 가리킨다. 쉽게 생각하면 우리가 일반적으로 사용하는 지폐나 동전 등 현금과 같이 국가의 중앙은행에서 발행하고 관리하지만 블록체인 기술을 기반으로 구현되어 기존의 실물화폐와 달리 전자적으로 가치가 저장되며 이용자 간 자금 이체기능을 통해 지급 결제가 이루어지는 화폐를 말한다.

⬚ 암호화폐와 CBDC의 차이점

- 가장 큰 차이점은 발행처의 차이이다.
- 비트코인과 같은 암호화폐는 중앙은행 디지털화폐CBDC와 같이 블록체인 보안 기술을 기반으로 하지만 비은행권에서 발행되는 디지털화폐이다.

구분	암호화폐(예,비트코인)	법정디지털화폐(CBDC)
거래 내역	블록체인 상에서 분산되어 기록	블록체인, 혹은 별도의 데이터베이스에 기록
발행	블록체인 참여자가 모두 관리자	중앙은행이나 정부 등 정해진 기관이 관리
변동성	큰 편	없음(적음)
발행량	총 공급량이 미리 정해져 있음	총 공급량이 정해져 있지 않음
	일정 기간마다 공급량이 줄어들 수 있음	중앙은행이 공급량을 늘리거나 줄일 수 있음
신뢰	블록체인 참여자의 신뢰에 기반	정부가 보증
교환 가치	수급이 좌우	액면 고정

- 그렇기 때문에 암호화폐의 발행 규모나 화폐의 단위 등은 발행기
관이 독자적으로 정하며 교환가치가 전적으로 시장원리에 의해
결정되기 때문에 법적 통화로 인정되지 않는다. 그래서 암호화폐
는 변동성이 크다.

□ **CBDC와 삼성페이, 카카오페이와의 차이점**

- 일반적으로 삼성페이와 카카오페이는 전자화폐Electronic cash, E-money
라고 구분하는데, 전자화폐는 은행에 있는 내 돈(예금)을 전자적으
로 핸드폰이나 다른 단말기에 저장보관해서 사용하는 것으로 실
체가 있는 화폐이다. 그렇기 때문에 삼성페이나 카카오페이는 모
바일 APP(앱)을 통해서 시중 가맹점(같은 서버)에서 현금처럼 결제가

가능하지만 같은 서버를 사용하지 않는 가맹점의 경우는 사용할 수 없다. 중앙서버의 통제를 100% 받는 것이다.

- 하지만 CBDC의 경우에는 화폐를 따로 충전, 보관하는 것이 아닌 화폐를 대체하는 것으로 가맹점뿐 아닌 모든 거래에서 사용이 가능하다. 현금, 동전처럼 어디에서나 사용할 수 있는 것이다.

□ CBDC가 도입되면 우리 생활에는 어떤 변화가 있을까?

① 편의성과 효율성:

　대금 지급의 편의성과 효율성이 좋아질 것.

② 도난, 분신, 파손 등의 위험이 줄고

③ 거래의 신속성이 높아져 대금 지급이 더 효율적이다.

④ 안정성의 확보:

　지금 우리가 사용하는 여러 페이들이 있지만 그 민간 기업들이 부도가 나거나 하여 지급이 안 되는 경우도 발생할 수 있다. 하지만 CBDC의 경우 중앙은행에서 발행하기 때문에 훨씬 더 공신력 있고 안정성이 있다고 할 수 있다.

⑤ 은행계좌를 개설할 수 없는 금융소외층도 중앙은행을 통하지 않고 전자지갑으로 사용할 수 있기 때문에 효율적인 지급 결제수단을 확보할 수 있다.

⑥ 정부 통화 정책의 변화:

　이번 코로나19 사태를 통해 지급된 정부의 재난지원금이나 각 지자체의 지원금을 수령하기 위해서는 많은 과정이 필요하다. 만약 CBDC가 도입된다면 지금보다 훨씬 빠르고 정확하게 필요한 사람에게 지급될 수 있다. CBDC의 설계가 가능하다.

⑦ 일정한 기간에 전부 사용하게 할 수도 있고, 정부가 지정하는 장소에서만 사용하게 할 수도 있다. 스마트계약조건 추가가 가능한 것이다.

⑧ 가장 큰 단점은 모든 사람의 모든 행동이 중앙서버(정부나 은행)에 의해서 전부 실시간으로 감시된다는 것이다. 암호화폐 본래의 역할과는 완전히 반대로 가는 것이다. 암호화폐가 익명성과 중앙의 감시를 벗어나고자 하는 것에서 출발했기 때문이다. 편리성만 좋아지는 것이지 감시는 더 철저해지는 것이다.

⑨ 그래서 이원적 관리체계가 도입될 가능성이 높다. 적은 금액의 경우는 익명성을 보장하고, 금액이 크거나 의심되는 거래에서는 통제를 하는 방식으로 2원화해서 추진될 것으로 예상된다. 중앙은행 → 시중은행 → 민간에 공급하는 방식이다.

□ CBDC가 이원화 시스템으로 활용될 이유

- 하나는 중앙은행이 초당 30만 건 이상 거래되는 소매시장까지 관

여할 경우 통화관리비용이 너무 많이 든다는 점 때문이고, 또 다른 하나는 소액거래에서 개인의 익명성을 최대한 보장해 주기 위함임.

- 다만 이는 무제한의 익명성 보장이 아니라 '관리 가능한 익명성' 보장을 의미함.

- 곧 일정액 이상의 큰 금액의 거래는 실명 전자지갑을 통해 거래되어야 하며, 또 마약, 도박 등 불법거래 자금으로 의심될 경우 정부는 영장을 발부받아 거래를 추적할 수 있음.

- 곧 정부는 가능한 국민들의 거래 익명성을 최대한 존중하지만 필요시에는 개인의 거래내역을 추적할 수 있음을 의미. 빅 브라더 사회의 본격적 도래.

- 중국뿐 아니라 다른 중앙은행들도 비슷한 종류의 디지털화폐 결제시스템을 개발하고 있음.

- 프랑스의 경우도 거액 거래는 중앙은행이 개발한 블록체인 시스템이 쓰이지만 소액 거래 시에는 이더리움과 리플 플랫폼을 활용할 가능성이 있음.

- 또 스웨덴의 경우, R3사의 코다Corda분산원장기술에 기반한 플랫폼 설계를 활용하고,

- 캐나다 중앙은행의 경우도 이더리움과 코다 플랫폼이 사용될 것으로 보임(현재 6개국 중앙은행이 암호화폐와 연동개발 중).

□ CBDC의 장점

- 가상화폐, 암호화폐보다 안정적.
- 종이화폐 발행에 드는 비용 절감.
- 기존 화폐의 막대한 발행. 보관. 유통비용 감소.
- 2018년 기준 한국은행의 화폐 제조비용은 1,104억 원
- 중국 디지털위안화는 '부딪히기' 기능이 있어 인터넷이 없는 곳에 서도 사용가능.
- 디지털화폐 CBDC는 프로그램이 가능하다. 재난지원금처럼 사용 기한과 사용처를 지정할 수 있다. 금리를 줄 수도 있다. 마이너스 금리를 줄 수도 있다. 언제까지 사용하지 않으면 시간이 흘러감에 따라 화폐가치를 차감할 수 있다.
- 정부가 직접 자금 유통추적.
- 범죄 단속하기 쉬워질 것.

- 투명성으로 뇌물, 탈세, 자금 세탁, 각종 금융범죄 방지

- 세수증대기대.

- 시중은행의 파산 및 지급 불능 같은 위험 없다.

- 통화량 증가, 각종 지표와 수치 정확히 계산.

- 실시간 데이터 수집가능.

- 통화, 재정정책 수립과 집행의 정확성.

- 중앙은행과 민간의 직접 거래가 가능.

- 정책 집행이 수월하고 효과도 빨리 나타날 것이다.

□ CBDC의 단점

- 감시사회도래.

- 시중은행들 위축.

- 경제주체의 사생활 침해.

- 내수 부양 및 사회통제수단.

- 중국 지방은행 부실, 부동산 거품, 증시약화.

- 미·중 무역전쟁 격화될 가능성 높아져

- 경기둔화 위협이 큰 상태.

- 중국인의 불법적인 해외자본 유출 차단하는 도구.

- 중국 당국의 대중 감시 더욱 용이.

- 모바일 결제 등에서 소외된 노약자, 저소득층 추가로 배제될 가

능성.

- 모든 사용 주체를 포용할 수 있을지?

- CBDC의 가장 큰 문제점은 사용자의 모든 경제활동이 감시되고 추적된다는 것이다. 그렇게 되면 암호화폐의 본래기능 탈중앙화가 의미 없어지며, 사용하는 국민의 저항도 엄청 클 것이다.

- 그래서 정부는 익명성 보장을 위한 이원화 구조로 CBDC를 운용할 가능성이 높다.

- 중앙은행에서 CBDC를 발행하고, 통화와 유통은 시중은행을 통하여 유통하면서 사용시장 소액결제는 특정 암호화폐와 연동해서 익명성을 보장해 주는 것이다.

□ CBDC가 발행되면 암호화폐는 어떻게 될까?

- 화폐는 교환의 매개수단, 가치저장의 수단, 가치척도 단위로 기능을 하는데 암호화폐는 높은 가격 변동성으로 인해 거래자 간의 가격 측정이 어려울뿐더러 정부 규제에 취약하다는 한계 등이 존재한다.

- 하지만 가치저장 용도로써 비트코인 등 암호화폐가 계속 활용될 것이라는 관측도 있다. 화폐로 사용됐던 금과 은이 지금은 가치 저장 수단이 된 것과 같은 맥락이다.

- 한 연구원은 "공급량 한정에 따른 희소성, 블록체인 기술에 기반

한 영속성, 디지털로 존재한 데 따른 거래의 편의성 등 비트코인은 차세대 가치 저장 수단이 되기 위한 필요조건을 갖추고 있다"고 진단했다.

- 교환수단으로써 암호화폐의 가치가 여전히 유효하며 오히려 활성화될 것이라는 전망도 나온다.

- 박성준 동국대 블록체인연구센터장은 "CBDC가 나오면 암호화폐 대중화를 촉진하는 계기가 될 것"이라며 "둘은 상호보완적 관계이지 경쟁관계가 아니다"라고 강조했다.

- 그는 "지금도 지폐가 있지만 수표도 있다"면서 "지폐가 있어도 금융생태계에서 창출되는 신용지폐도 존재하는 것"이라고 설명했다. 이어 "디지털 법정화폐가 나오면 디지털 수표가 나올 것이며 암호화폐가 그 기능을 하게 될 것"이라고 부연했다.

- 고려대 정보보호대학원 김형중 교수는 이렇게 말했다. "CBDC와 비트코인은 상호보완적이기 때문에 각자의 역할대로 사용될 수 있을 것이다. 비트코인과 다른 암호화폐도 비트코인이 신세계백화점 상품권이라면 다른 코인은 문화상품권 등 각자의 쓰임새가 있어서 잘 사용될 것으로 본다."

- 이어 "암호화폐는 지금은 주로 가치저장 수단으로 사용되고 있으나 프라이버시 등의 측면에서 우위가 있기 때문에 시장에 따라서 교환의 수단으로써 계속 사용될 가능성이 있다"고 전망했다.

- 가상자산정보포털 쟁글의 장경필 애널리스트, "비트코인에 결제 기능에 대한 기대감이 없다고 단정 지을 수는 없다. 실제 페이팔,

테슬라와 같은 테크 기업의 행보나 송금에서의 강점을 봤을 때, 비트코인은 일정 부분 결제 수단 역할도 기대할 수 있다."

- 제롬 파월 의장은 이렇게 말했다. "비트코인은 달러보다는 금을 대체할 것이다."

□ 1% 이내의 암호화폐는 끝까지 살아남을 것(안유화교수)

- 지역별 GDP대비 지하경제 규모

지역	GDP 대비 %
동아시아	21.24
중동 · 북아프리카	23.42
유럽	20.20
남아시아	28.11
중남부아프리카	36.16
라틴아메리카 · 카리브해	33.39
OECD 회원국	15.28

(2010-2015년 평균) 자료 : IMF

- 우리나라의 경우도 20% 이상일 것으로 추측됨.

- 화폐개혁의 당위성.

- 지하자금의 양성화.

- 경제의 활성화: 지하자금이 양성화되면서 경제 활성화.

- 경제의 투명화: 100% 추적이 가능하기 때문에 투명.

- 정치, 경제적 부담: 자금 흐름이 100% 추적관리 가능하기 때문에 지하자금을 가지고 있는 사람들의 정치, 경제적 부담이 만만치 않을 것이다.

- 하지만 아날로그화폐에서 디지털화폐로의 전환이 확실시되는 흐름에서 언젠가는 해야 되는 개혁이다.

- 디지털화폐 시대 개막으로 자연적 기회 도래.

- 하자금이 살아 있는 한 디지털 금으로써 역할을 하는 암호화폐는 끝까지 살아남을 것이다.

□ **왜 중국에서 CBDC(법정디지털화폐)사용을 서두를까**

국제 | 김정훈
비트코인 막고 디지털 위안화 띄우는 중국...100억 뿌린다
입력 2021-06-09 17:17 | 수정 2021-06-09 17:18

중국 법정 디지털화폐(왼쪽)과 실제 지폐(오른쪽) [사진 제공 연합뉴스]

중국이 단오절 연휴 기간 100억원이 넘는 디지털 위안화를 자국민들에게 뿌려 디지털 위안화 홍보·보급에 나섭니다.

- 중국 디지털 화폐 5월부터 장쑤성 쑤저우, 광둥성 선전, 쓰촨성 청두, 허베이성 슈안지구 등 4개 지역에서 시범 사업 진행.
- 현재 통용되는 위안화와 디지털 위안화를 1대1로 교환 시중은행을 통해 현재 위안화를 예치한 금액만큼 고객의 전자수첩에 넣어주어 사용.
- 디지털위안화 정착이 빠르게 진행될 것.
- 2022년 베이징 동계올림픽 전까지 정착계획.
- 세계 지불통화 비중.
- 달러40.8%, 유로33.6%, 영국 파운드7.1%, 일본 엔3.3%, 캐나다 달러1.8%, 위안화1.7%.
- 중국이 사용하기 편한 CBDC를 도입, 달러와 유로 등 기존 기축통화를 대체하려 한다는 전망.
- 블룸버그통신:
"중국이 베이징동계올림픽을 기해 CBDC를 공식화할 것"
"최종 목표는 원유 등 주요원자재 수입에 디지털위안화를 쓰도록 해서 기축통화국의 지위를 얻으려는 것"
- 2019년 10월 시진핑:
"블록체인이 디지털 금융, 사물인터넷 등 다양한 분야로 확장되고 있다. 블록체인 기술 개발을 자주 혁신의 돌파구로 삼아야 한다."
- 디지털위안화를 기축통화로 구축.
- 글로벌 화폐발행 차익.
- 국제금융시장에서 자국 금융사.

- 자금조달 효율성과 편리성 도모.

- 미·중 디지털 기축통화전쟁.

- 주도권 잡으려는 패권전쟁.

- 중국 정부 디지털화폐CBDC.

- 기축통화국 지위를 얻으려 한다는 분석.

CBDC(법정디지털통화)에서 앞서가는 중국

- 실제 시험 규모는 대대적 홍보 속에서 진행되는 공개 시험보다 조용히 물밑에서 진행되는 비공개 시험 쪽이 훨씬 크다.

- 중국은 내년 2022년 2월 개최되는 베이징동계 올림픽을 자국의 법정디지털 화폐 선전의 계기로 활용할 것으로 전망된다.

- 중국은 디지털 위안화 도입을 통해 위안화 국제화를 촉진하는 한편 민간 기업인 알리바바와 텐센트 양사가 장악한 금융 인프라를 국가주도로 재편하는 등의 다양한 효과를 염두에 둔 것이라는 분석이 나오고 있다. 한편, 중국의 특별행정구인 홍콩도 중국 본토처럼 법정 디지털 화폐를 발행하는 방안을 검토하고 있다.

- 중국이 단오절 연휴 기간 100억 원이 넘는 디지털 위안화를 자국민들에게 뿌려 디지털 위안화 홍보보급에 나선다. 중국 금융시보 등에 따르면 인민은행은 최대 경제 도시 상하이에서 인터넷 추첨을 통해 35만 명에게 55위안, 약 1만 원씩, 총 1,925만 위안, 약 33

억 원을 나눠줄 예정이다. 지급된 디지털 위안화는 오는 11일부터 20일 사이 상하이를 포함해 디지털 위안화 결제가 가능한 중국 전역의 상업 시설에서 이용할 수 있다.

- 같은 기간 수도 베이징에서도 시민 2천명에게 200위안, 약 3만5천 원씩 총 4천만 위안, 약 70억 원을 지급하는 대규모 디지털 위안화 공개시험이 진행된다. 인민은행은 작년 10월 선진시에서 처음 추첨을 통해 다수의 시민에게 디지털 위안화를 나눠주는 공개시험을 처음 한 이후 베이징, 상하이, 청두 등 여러 도시에서도 같은 공개 시험을 잇따라 진행 중이다.

- 중국이 진행 중인 이벤트성 공개 시험은 자국민들이 디지털 위안화에 거부감을 느끼지 않고 자연스럽게 익숙해지도록 하기 위한 홍보, 교육 성격이 강하다.

- 중국은 겉으로 공개되는 이런 이벤트성 행사 외에도 전역의 디지털 위안화 시범지역에서 훨씬 더 큰 규모로 디지털 위안화 시험을 진행 중이다.

□ 미국의 CBDC 대응

- 아마존, 구글 등 민간이 국가의 발권력 넘보는 것 견제.
- 미국 중앙은행FED 디지털 달러 도입 앞당길 것.
- FED는 코로나 사태로 무제한 달러화 공급.

중국 디지털위안화에 대항하는 달러CBDC 가속화

- 기축통화 지위 유지할 수 있느냐 우려.

- 양적완화로 달러가치 유지하지 못하면 기축통화국 미국은 화폐발행 차익 누리지 못하고 미국 외의 다른 국가들은 달러화 보유라는 구속으로부터 벗어날 수 있다.

- 마크 저커버그 페이스북 최고경영자CEO.

- 2019년 10월 미하원청문회서.

- "미국이 디지털 화폐 개발하지 않으면 다른 국가가 나설 것"이라고 경고, 중국이 먼저 상용화 시험에 나선 것.

- 디지털 위안화 발행계기, 디지털 달러화 도입 빨라질 가능성.

- FED는 디지털 달러화 오래전부터 준비.

- 현재 통용되는 달러화 외에 디지털 달러화를 언제든 발행할 수 있는 단계.

- 우리나라 CBDC준비는 한국은행 4월 6일 중앙은행 디지털화폐 도입.

- 파일럿 시스템 구축: 테스트 진행하기 위한 연구 추진계획 발표.

- 한은관계자: "CBDC 시스템을 구축하고 특정 환경 아래에서 지급 결제 정상적으로 활용할 수 있을 지 테스트해 보겠다는 의지."
- 온라인 거래 늘어나는 가운데 코로나19 감염 막기 위해 비대면·비접촉 결제 증가.
- 국제결제은행BIS의 1월 보고서.
- 세계 66개 중앙은행의 80%가 디지털통화 도입을 전제로 연구.
- 중국 디지털화폐이어 EU디지털화폐 개발 가속화.
- 11월 20일 G20정상회의, 디지털화폐 포용 선포예정.
- 디지털화폐 도입은 화폐개혁의미 → 세계 전체가 화폐개혁 소용돌이 속으로.
- 마크 카니 영란은행 총재 '합성패권통화' 제안.
- 마크 카니: 골드만삭스 출신으로 캐나다 중앙은행 총재를 거쳐 현재 영란은행 총재를 맡고 있는 암호화폐 옹호론자.
- 각국 CBDC 네트워크 연결해 '디지털 공동통화' 만들어 기축통화로 쓰자는 주장.

비트코인(암호화폐) ETF가
암호화폐를 급등시킨다

* 2014년 첫 금ETF 상장 후 금값 500달러 1,900달러(380%)까지 급등

비트코인ETF란 무엇인가?

- ETF는 'Exchange Traded Funds'의 약자로 상장지수펀드를 의미한
  다. 이것은 특정한 지수를 따라가며 수익을 얻을 수 있도록 만든
  지수연동형 펀드를 말한다.

- ETF는 특정 지수와 연동돼 수익률이 결정된다는 점에서 인덱스펀드와 비슷하다. 그러나 다른 점도 있다.
- 거래소에 상장해 주식처럼 거래할 수 있도록 했다는 차이점이 있다. 일반 투자자들도 보다 쉽게 투자하며 거래할 수 있도록 진입장벽을 낮춘 것이다.
- 이것이 시장에 나온다면 투자자들은 거래소에서 직접 비트코인을 거래하지 않더라도 비트코인 시세에 따라 수익을 얻을 수 있게 된다.
- 비트코인에 직접 투자하는 것보다 위험성은 줄어들기 때문에 투자의 진입 장벽은 낮아지는 것이다.

비트코인 ETF가 나온다면?

- 분산투자 효과가 생겨난다. 비트코인 가격이 언제 상승할지 하락할지 예측하는 것은 어렵다. 가상화폐라는 특성상 시세 변동 폭이 무척 크기 때문에 손해를 볼 위험성이 상당하다.
- 비트코인 ETF는 이런 위험을 다소나마 줄일 수 있다. 시장 상황에 따라 비트코인 시세가 크게 떨어진다고 하더라도 직접 투자한 것이 아닌, 이를 추종하는 지수에 투자한 것이기 때문에 직접적인 손해는 줄어드는 것이다.
- 전문가들에 따르면 만일 비트코인 ETF가 승인된다면 기존 금융업계의 막대한 자금이 가상화폐 시장에 들어올 것이라 예상한다. 그렇게 된다면 전체적인 상승을 기대해 볼 수도 있다.

□ 세계 최초로 캐나다에서 비트코인ETF를 승인했고

- 이어 브라질도 비트코인ETF를 승인했다.

- 비트코인ETF를 승인하는 나라들이 점점 늘어날 것으로 기대되고 있다.

- 암호화폐는 가격변동성이 커서 많은 문제가 있었다.

- 비트코인 ETF가 나오면 가격의 안정성이 좋아지며

- 암호화폐 전반적으로 긍정적 영향이 기대된다.

- 전 세계적으로 비트코인ETF는 확산될 것으로 예상된다.

- 늦어질수록 이미 승인된 곳으로 자금이 모일 것이기 때문이다.

- 비트코인이 확산되면 암호화폐도 안정적으로 성장할 것이다.

美 SEC에 신청된 비트코인 ETF 8건, 승인 여부는?

이코리아
2021.04.15. 18'15 1,120 읽음

비트코인 가격 변동 추이. 자료=코인마켓캡

지난 7일 급락했던 비트코인이 이후 반등세를 유지하며 8000만원을 넘어섰다. 일각에서는 가격 조정이 올 수 있다는 우려가 제기되는 가운데, 이달 말 발표될 비트코인 ETF(상장지수펀드) 승인 여부가 향후 상승세를 좌우할 것으로 예상된다.

- 높은 변동성 재확인.

- 수요기반 넓혀줄 ETF기대 더 커져.

- 금값이 점프하면서 상승하기 시작한 것도 2014년 첫 금ETF 상장 후 금값도 500달러 → 1,900달러(380%)까지 급등한 사례가 있다.

- 비트코인을 디지털 금이라고 한다면 비트코인ETF가 본격적으로 상장된다면 금처럼 급등할 가능성이 높다.

- 투자 전문가들과 기관투자가들도 비트코인에 대해 우호적인 시각을 가지기 시작했지만, 높은 가격 변동성 때문에 주저하고 있는데 비트코인ETF가 나오면 얘기가 달라진다.

- 암호화폐 시장에 다가올 호재로는 비트코인 상장지수펀드ETF 승인과 디파이DEFi(탈중앙화금융)의 성장을 꼽고 있다.

Part 3

암호화폐의
채굴도 좋은
투자 수단이다

채굴(Mining, 마이닝)이란 무엇인가?

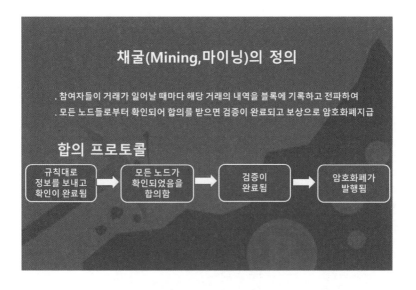

- 채굴이란 비트코인과 같은 암호화폐의 거래내역을 기록한 블록을 생성한 뒤, 그 대가로 암호화폐를 얻는 행위를 말한다.

- 암호화폐는 일반 화폐와 같이 중앙은행 같은 발행기관이 존재하지 않는다. 때문에 거래내역을 기록한 원장을 전 세계의 네트워크에 분산 저장하게 된다.
- 채굴은 이러한 분산 컴퓨팅 기술 기반의 원장 관리 기술(블록체인)을 유지하기 위해 해당 블록을 생성한 사람에게 일정한 보상이 지급되도록 시스템화한 것이다.
- 한 가지 예로, 비트코인의 경우 10분에 한 번씩 신규 블록이 생성되게 된다. 이 블록의 이름을 16진수로 표시한 총 64자리의 해시 형태로 찾아내는 사람에게 비트코인을 발행, 지급하게 된다.

채굴을 통해 가상세계경제가 현실경제가 된다

- 블록체인에서 채굴은 매우 중요한 개념이다. 특히 비트코인이 기반으로 하는 블록체인을 이해하기 위해서는 채굴에 대한 정확한

개념 정리가 필요하다.

- 비트코인에서 발생한 거래 내역은 네트워크를 통해 참여자들에게 투명하게 공유되어야 한다. 그렇다면 누군가는 이 거래 내역을 기록하는 역할을 해야 한다. 더불어 해당 거래 내용을 블록에 담아 사용자들에게 전파하고, 전파된 블록이 진짜인지 가짜인지에 대한 검증도 필요하다. 이 같은 작업들을 수행하기 위해서는 노동시간, 전력자원등 비용이 필연적으로 발생하게 된다. 따라서, 아무런 보상 없이 이런 일들을 해주는 사람을 찾기는 어려울 것이다.

- 비트코인의 창시자인 사토시 나카모토는 이에 대한 솔루션으로 '채굴Mining'이라는 방법을 제시했다. 발생한 거래 내역을 작업증명 Proof of Work, PoW을 통해 블록에 기록하고 전파해 주는 이들에게 비트코인이라는 코인을 '보상'으로 지급하는 것이다. 그리고 우리는 이 과정을 '채굴'이라고 총칭한다.

- 비트코인 채굴이란 쉽게 말해서 개인이 컴퓨터를 이용해서 특정 프로그램으로 24시간 매일 돌려서 얻어내는 보상 같은 것이다. 그래서 우리가 실제로 금을 캘 때 암석이나 땅굴을 파서 금을 캐듯이 그런 의미에서 따왔다고 보시면 된다. 온라인상에서 하는 형태가 마치 금을 캐는 것과 비슷해서 '채굴'이라는 의미를 사용한 것이다. 대신 PC CPU보다 그래픽카드의 성능에 따라 채굴영향이 좌우되기 때문에 몇 년 전에 부터 그래픽카드가 물량이 부족해지고 수요는 많은데 공급이 부족하니 가격도 상당히 올랐다. 그 채굴로

캔 비트코인을 거래소에서 팔면 마치 금을 사듯이 책정된 금액으로 보상을 해주는 것이다. 그것의 최초가 비트코인이며 이더리움 등 여러 코인들이 생기기 시작했다. 이제는 보편화되어서 증권처럼 거래소가 체계적으로 생기고 마치 주식처럼 투자대상이 되면서 여러 방법과 방식 여러 종류의 코인들이 범람하기 시작했다.

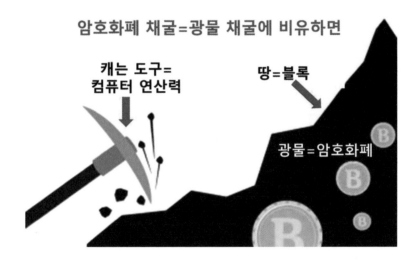

- 땅을 파서 광물(금. 은. 다이아몬드 등)등을 얻는 행위를 채굴이라 하고 이것을 암호화폐를 얻는 것에 비유해서 말한다.
- 땅에 해당하는 것이 블록이고 광물은 암호화폐이며 캐내는 도구는 컴퓨터 연산력이라고 말할 수 있다.
- 불록이 완성되어 체인으로 연결된 후 새로운 거래들에 의해서 블록이 생성되면 진위여부를 참여자들이 갖고 있는 공공거래장부와 비교하여 검증하게 된다. 검증이 완료되어 검증에 성공하면 그 보

상으로 암호화폐를 지급한다. 이것이 채굴이다.

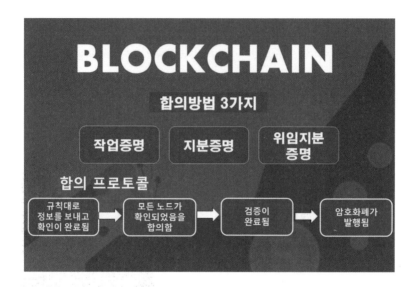

- 참여자들이 검증하는 과정에서 모두가 일치한다면 아무 문제없이 검증을 완료할 수 있지만 참여자들의 진위가 일치하지 않는 경우 합의를 통해서 진짜와 가짜를 결정하게 되는데 이런 경우 합의규칙에 따라 결정되게 된다. 진짜로 판단된 것이 모든 참여자들에게 전송되며 다른 것은 모두 폐기된다.
- 작업증명: 컴퓨터의 작업능력에 비례해서 합의 권한이 증가하는 것. 컴퓨터의 성능과 컴퓨터 확보 숫자에 의해서 좌우된다.
- 지분증명: 암호화폐를 가지고 있는 숫자에 따라 합의 권한을 부여하는 것.
- 위임지분증명: 작업증명 + 지분증명의 응용 버전으로 대표에게 위

임하여 위임받은 지분만큼 합의권한을 부여받는 것.

- 모든 참여자가 블록을 나눠 가진 후 블록 내에 들어 있는 암호를 풀면(채굴하면) 가상자산으로 일정한 보상을 주는 방식으로, 암호를 많이 해독할수록 많은 가상자산을 얻을 수 있다. 즉, 이 과정은 참여자들이 블록에 담긴 암호를 해독하고 검증해 새로운 블록을 인정받게 하는 절차이다. 암호를 너무 빨리 풀 경우 과도한 보상이

이뤄지기 때문에 참여자가 많아지면 암호의 연산 난이도가 높아진다. 비트코인을 비롯해 라이트코인, 이더리움 등이 이 방식을 채택해 적용하고 있다.

- 그러나 비트코인이 단순 거래가 아닌 투기의 대상으로 변질되면서 고성능의 장비를 통해 채굴하는 사례가 증가했다. 이로 인해 대형 채굴자들이 운영 권한을 독점할 수 있고 많은 전기가 소모된다는 비판이 나왔다.

- 참여자들이 발생한 거래내역을 블록에 기록하고 전파하여 모든 노드로부터 합의를 받아 작업검증을 받게 되는데 합의 과정에서 컴퓨터의 수자와 성능에 따라 합의권한을 주는 시스템이다. 이러한 과정은 컴퓨터프로그램에 의해서 자동으로 실행된다. 컴퓨터 성능이 뛰어나고 많이 가지고 있는 사람에게 치중되는 문제가 있다. 이런 것을 해시파워 경쟁의 문제라고 한다.

- 비트코인에서 사용하는 가장 대표적인 합의프로토콜.

- 해시값 계산이 관건이므로 컴퓨터 성능이 중요.

- 수천 개의 컴퓨터 연결로 전력낭비심화, 화재위험.

지분증명(POS)의 이해

| 노드들은 지분의 비율대로 문제 풀이에 선택될 수 있음 | 검증성공 → | 암호화폐를 얻을 수 있음 |

. 지분을 가진자가 검증, 업데이트, 의사결정 등에 대해 더 큰 영향을 미침
. 각 노드의 지분을 기초로 확률적으로 문제를 풀 기회가 주어짐
. 지분이 많을수록 암호화폐 채굴 가능성 상승
. 과반수의 의미: 참여자들의 수가 아니라 암호화폐 보유지분
. 보유 암호화폐 총 비중이 과반수인 쪽의 블록이 진짜가 됨
. 지분의 불균형으로 더 큰 영향력을 가진 자가 존재
. 과반수 또는 과반수에 가까울수록 큰 영향을 미침
. 블록체인의 목적인 탈중앙화, 분산화에 의미 약해짐

- 암호화폐를 보유한 지분율에 비례하여 의사결정 권한을 주는 합의 알고리즘.

- 노드node가 보유한 자산을 기준으로 권한을 분배하여 합의를 하고 보상을 분배하는 방식으로, 주주총회에서 주식 지분율에 비례하여 의사결정 권한을 가지는 것과 유사하다.

- 지분증명은 블록체인 네트워크의 각 노드마다 아이디ID를 만들어 합의 시 지분의 양을 계산에 활용한다. 누구든 해당 네트워크의 암호화폐만 있다면 ID를 만들 수 있고 블록을 생성할 권한(블록 보상을 획득할 권한)은 자신의 ID에 연결된 지분의 양(자신이 보유한 암호화폐의 양)으로 결정된다. 따라서 많은 지분을 가진 사람이 더 높은 확률로 더 짧은 시간 안에 블록을 생성할 권한을 가지게 된다.

- 이러한 이유로 블록 보상을 받을 확률을 높이기 위해서는 자신의 지분을 잘게 나누어 여러 개의 ID를 만들어서 참여하기보다는 하나의 ID에 모든 지분을 연결하여 참여하는 것이 유리하다.
- 참여자들이 발생한 거래내역을 블록에 기록하고 전파하여 모든 노드로부터 합의를 받아 작업검증을 받게 되는데 합의 과정에서 해당 암호화폐를 가지고 있는 지분에 따라 합의권한을 주는 시스템이다. 이러한 과정은 컴퓨터프로그램에 의해서 자동으로 실행된다.
- 작업증명=해시파워, 지분증명=암호화폐 지분.

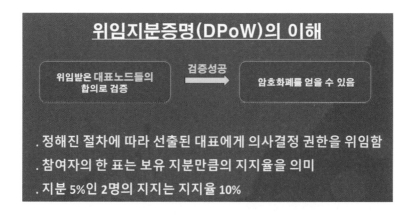

- 암호화폐 소유자들이 각자의 지분율에 비례한 투표를 해서 자신을 대신하는 대표 노드node를 선정하고, 이 대표 노드들이 합의하여 의사결정을 내리는 합의 알고리즘.

치아코인 채굴이 갖는
장점 9가지

- 비트코인과 이더리움은 그래픽카드와 Asic칩사용으로 채굴할 때

전기료가 너무 많이 들어간다. 비친환경적.

- 비트코인은 비번을 잃어버리면 영원히 복구 불가능하나, 치아코

인은 비번을 다시 복구할 수 있다.

- 이더리움의 플랫폼으로의 기능 중 많은 문제점이 있으나 치아는 모든 것을 극복했다.

- 2021년 3월에 채굴이 시작된 막 출발하는 코인으로 5월에 미국에 상장된 코인으로 시간을 갖고 비트코인과 이더리움을 능가할 가능성이 있다.

- 1차 반감기가 2024년 3월까지로 현재 채굴량이 최대이다.

- 중국의 채굴에 대한 강력한 규제로 상대적 수혜를 볼 수 있다. 중국이 세계 전체 채굴의 70% 이상이다.

- 치아코인은 채굴할 때 전기료가 비트코인, 이더리움에 비하면 1/10수준으로 저렴하다.

- 개발자인 브램 코헨과 임원진들이 미국에서도 유명한 실력자들이다.

- 치아네트워크는 채굴 활성화를 위해 2,100만 개의 전략준비코인을 확보하고 있어, 채굴자들에게 유리하다.

- 전략준비코인 2,100만 개는 오로지사용자, 치아코인기능개선과 채굴활성화를 위해서만 사용할 수 있다.

- 메타버스가 10년 내 100배 증가할 것으로 기대되는데 메타버스의 발전은 암호화폐의 발전을 의미하기 때문에 수혜를 받을 수 있다.

- 전 세계 80% 이상의 국가에서 올해 안에 CBDC(법정디지털화폐)를 시범운영하고 곧 단계적으로 공식 화폐로 사용할 예정이다. 특히 중국에서는 이미 실험을 통하여 여러 문제점들과 보완할 점을 검증

하고 있다. 2022년 중국 동계올림픽을 계기로 세계적으로 CBDC가 확산될 가능성이 높다. CBDC의 발전으로 암호화폐가 수혜를 누릴 수 있다.

아크인베스트먼트 CEO 캐시우드의
비트코인 인터뷰

□ **아크인베스트먼트** 최고책임자 **캐시우드**(cathie wood)

프로필

1955년 11월 26일 생 / 국적: 미국 / 학력 : 서던캘리포니아 대학교(1981)

설립조직 : Ark Invest / 직위 : CEO, CIO

출시도 안 된 미국 ETF 소식에 항공 우주 산업이 들썩인 이유는 아크인베스트가 가진 상징성 때문이다. 아크인베스트 ETF에는 올해만 82억 7000만 달러가 순 유입됐다. 3대 ETF 브랜드인 블랙록(53억 8000만 달러)과 스테이트스트리트(54억 8000만 달러)를 따돌리고 2위가 됐다. 1위 뱅가드(243억 달러 순유입)가 81개 ETF 상품을 보유한 것과 달리 아크인베스트는 7개 상품만을 운용하고 있다.

아크인베스트는 혁신 기술에 집중하는 운용사다. 설립자인 캐시 우드는 미국 서던캘리포니아대에서 재무 및 경제학을 전공했다. 1981년 학부를 수석 졸업한 후 캐피털그룹 어시스턴트 이코노미스트로 투자업계에 발을 들였다. 얼라이언스번스틴AB에서 12년간 최고투자책임자CIO를 지냈다. 2014년 액티브 ETF를 전문으로 하는 아크인베스트를 설립했다.

□ 혁신기술에만 투자─아크인베스트먼트 CEO 인터뷰

저희는 비트코인이 가치 저장의 기능을 할 수 있는 첫 글로벌 디지털 화폐가 될 것이라고 생각합니다. 저희는 기관투자자들의 관심을 예상하기 했지만 기업들이 현금을 비트코인으로 대체할 것이라고는 생각도 못했어요.

마이크로스트레티지가 첫 회사였어요. 이 회사의 모든 현금은 이

제 비트코인으로 들어가고 있어요. 사실 이 회사는 더 많은 비트코인을 매수하기 위해 전환사채까지 발행했죠. 이 회사는 테크기업인데요. 저는 SEC(증권거래위원회)가 이것에 대해 뭐라고 할지 살짝 의구심이 드네요. 비트코인이 이 회사의 주요 사업이 아닌데 현금 대신 보유하고 있으니까요.

스퀘어도 전체 자산의 5%를 비트코인에 투자했어요. 페이팔 같은 더 큰 기업들도 스퀘어의 캐쉬앱처럼 그들의 플랫폼에서 비트코인을 사고팔 수 있는 서비스를 시작한 것을 볼 수 있죠.

만약에 S&P500에 있는 모든 회사들이 그들이 보유한 현금의 1%를 비트코인에 투자하게 된다면 비트코인 가격은 4만 달러가 더 오르게 될 겁니다. 오늘 가격은 3만 달러 정도이니 2배 이상 오르게 되는 셈이죠.

만약에 보유 현금의 10%를 비트코인에 넣는다고 하면 비트코인 가격은 40만 달러가 더 올라야 합니다. 방금 마이크로스트레티지는 현금 모두를 비트코인에 투입했다고 말씀드렸죠.

개발도상국이 비트코인 수용에 있어서는 아마 더 빨리 움직일 것 같긴 하지만 지금까지 미국 안에서 이 모든 것이 이렇게 빨리 진행되었다는 사실에 좀 놀랐습니다.

기관 투자자들도 비트코인 가격에 엄청난 영향을 미치게 될 텐데요. 지금 기관 투자자들의 관심을 보여주는 증거는 무수히 많죠. 기업의 현금에 대해서 방금 예시를 몇 개 드린 것처럼요.

브라이언 브룩스(미국통화감독청 의장)가 OCC(미국통화감독청)에서 사임하기 전인 지난 7월에는 연방에서 면허를 받은 은행들이 비트코인 수탁하는 것을 허가했죠. 그리고 지난 한 달 사이에는 은행들이 공개 블록체인의 노드가 될 수 있도록 허가했어요. 그래서 이런 은행들이 더 저렴하고 효율성 높은 결제 서비스를 제공할 수 있도록 하죠. 이런 것들도 모두 저희가 예상했던 것보다 좀 더 빨리 진행되고 있어요.

피델리티나 국제 원자재상품거래소, 시카고 상업거래소 같은 곳에서도 이 모든 것을 지원할 수 있는 인프라가 구축되고 있죠. 캠브리지의 한 컨설턴트도 1년쯤 전에 기관들을 위한 보고서를 발표했었는데요. 비트코인이 새로운 자산군이 될 수 있다고 했죠. 다른 자산들과 상관관계가 매우 낮은, 아니 다른 자산군들과 비교했을 때 상관관계가 가장 낮은 자산군이라고 설명했어요.

다른 자산군보다 비트코인을 포함시키는 게 상관관계가 가장 낮다는 거죠. 몬테 카를로 시뮬레이션을 사용하여 기관들이 비트코인으로 자산을 어떻게 배분할지에 대한 저희의 분석이 맞다면 기관 투자자들이 변동성을 최소화할 목적으로 비트코인에 자산배분을 했을 때 3만 불인 현재 비트코인의 가격을 20만 불까지 끌어올릴 수 있고, 최대 샤프비율에 맞춰서(위험대비 수익률 극대화) 자산 배분을 한다면 50만 불까지 끌어올릴 수 있어요.

저희가 분석dmf 정말 열심히 했죠. 저희 애널리스트인 야신 알만드라가 비트코인 관련 백서 두 편을 더 썼고요. 또 다른 테마의 애널리스트들도 모두 백서를 썼어요. 모두 저희 웹사이트에서 확인하실 수 있어요.

캐시, 한 가지 질문할게요. 금융 설계사 또 고객들과 함께 비트코인에 대한 분석을 상당히 많이 했고 다들 비트코인 이야기를 하고 있는데요. 당신의 분석에 기반했을 때 앞으로 어떤 방식으로 비트코인 투자가 가능해질 수 있을까요? ETF? 그레이스케일 펀드 같은 방식? 액티브 펀드? 아니면 ARK와 같은 액티브 ETF? 얼마 전에 구겐하임도 비트코인에 자산배분을 할 수 있는 권한을 확보했다죠. 비트코인으로의 자산배분은 어떤 식으로 이루어지실 것이라고 생각하시나요?

ETF 승인 문제에 관해서는 아직 모르죠. SEC는 아직 말을 아끼려는 것 같긴 하지만 그래도 새로 부임한 SEC의장인 겐슬러는 MIT에서 비트코인 강의도 했어요. 흥미롭게도 이분은 매우 친 비트코인 인사라고 할 수 있죠. 비트코인을 잘 이해하는 분이시죠. 제 생각에 단기적으로 ETF승인을 가로막는 가장 큰 이유는 6천억 달러밖에 되지 않는 비트코인의 시총이에요. 대기업 하나 사이즈밖에 되지 않죠. 그래서 제 생각에는 비트코인의 시총 혹은 네트워크 가치가 더 커져야 될 것 같아요. 그러면 SEC도 ETF승인에 있어서 훨씬 우호적으로 나올 수 있을 거에요. SEC에서 일어난 또 다른 흥미로운 사실 중 하나는 SEC의 암호화폐 리서치 부서장이 승진을 해서 SEC의장에게 직접 보고를 하게 되었다는 거에요.

그래서 전 비트코인에 대한 이해도를 더 높일 것이라고 생각하고요. 숫자를 드릴 수는 없지만 일단 비트코인의 시총이 1조 달러는 훌쩍 넘어야 될 것 같아요. ETF는 수요가 충분히 있어야만 가능하거든요. 그래서 1조 달러 혹은 2조 달러는 훌쩍 넘어야지만 SEC가 ETF를 승인하기 수월해질 것이라 생각해요. 그래도 다른 펀드들에 대해 말씀드리자면 뮤츄얼 펀드를 사지 않아도 되고, 다른 자산에도 배분할 수 있는 그런 펀드들이 먼저 들어오기 시작하지 않을까 싶어요.

그동안에 ETF가 아니라 양도인 신탁인 GBTC(그레이스케일 비트코인 펀드)를 통해 40act 펀드(뮤츄얼펀드와 유사)나 저희 ARK가 비트코인에 투자할 수 있었어요. 하지만 비트코인에 투자할 수 있는 더 저렴한 옵션들이 더 많이 생길 것이라고 생각해요. GBTC보다 더 저렴한 비공개 펀드들이 있다는 사실을 전 이미 알고 있어요. 이런 펀드들은 지금 벤처캐피털 펀드에 더 가깝지만 나중에 헤지펀드나 다른 방식으로 변할 수도 있어요. 이렇게 암호화폐 투자를 가능하게 해주는 여러 가지 투자수단들이 생겨나고 있죠.

저희는 비트코인이 가치 저장의 기능을 할 수 있는 첫 글로벌 디지털화폐가 될 것이라고 생각합니다. 디지털 금이라고 할 수 있죠. 비트코인이 최소 이런 역할을 할 것이라고 생각하는 이유는요.

제가 여러 회사들의 잉여현금 사례를 드렸다시피 물론 비트코인의 역할이 이런 것보다 훨씬 클 것이라고 생각하지만 저희가 이렇게 생각하는 이유는 비트코인이 암호자산 생태계의 기축통화 역할을 담당하고 있기 때문이에요. 암호화폐 세계의 대부분의 다른 화폐들은 비트코인으로 가격이 표시되죠. 다른 말로 비트코인이 회계 단위가 되는 것이죠.

또 비트코인은 가치 저장의 수단이면서 지금까지 가장 보안성이 높은 네트워크에요. 비트코인 네트워크를 해킹하기 위해서는 수십억 달러의 값을 치러야하는 반면 이더리움 네트워크는 훨씬 해킹하기 쉬워요. 이미 우린 이더리움에 해킹이 많이 일어나는 것을 보고 있죠. 고액 거래는 아마 비트코인 네트워크상에서 이루어지게 될 거에요.

비트코인의 한 가지 단점은 교환 매체로서의 기능이에요. 돈의 3가지 역할 중 하나죠(가치저장, 회계단위, 교환매체) 하지만 고액 거래에 있어서는 비트코인이 교환 매체로서의 역할을 할 거예요. DEFi 네트워크상에서 이런 고액거래는 절대 이루어지지 않을 겁니다.

출간후기

암호화폐의 시대,
100년 만에 찾아온 부의 기회를 말하다!
여러분의 삶 곳곳에 희망찬
부의 에너지가 스며들기를 기원합니다

권선복
(도서출판 행복에너지 대표이사)

　요즘 전 세계적으로 가장 뜨거운 뉴스 중 하나가 바로 비트코인 입니다. 지난해 3월 500만 원 남짓하던 비트코인 가격이 2021년 4월에 8,000만 원을 돌파했습니다. 코인 투자로 수천만 원, 수억 원씩 돈을 버는 사람들이 생기면서 이에 대한 관심이 폭발적으로 증가한 것입니다. 그러나 정작 아는 것이 없으니 섣불리 발을 담그기도 겁이 나고, 그렇다고 가만히 있자니 기회를 놓치는 것 같아 불안하다는 사람들도 많습니다.

이 책은 4차 산업혁명과 블록체인, 가상화폐와 암호화폐에 대한 기본적이고 쉬운 이해를 위해 쓰였습니다. 책 한 권으로 블록체인과 4차 산업혁명, 가상화폐에 대한 방대한 내용을 모두 다루는 데는 한계가 있기에, 저자 경험을 중심으로 풀어나갔습니다. 수년간 가상화폐와 블록체인 시장을 주시해온 저자가 본 미래에 대해서도 이야기하고 있습니다. 일반인들이 자칫하면 어렵게 느낄 수 있는 암호화폐, 블록체인, 그리고 채굴에 관한 내용을 누구나 쉽게 이해할 수 있도록 그림, 도형, 핵심키워드로 정리한 책이라고 볼 수 있습니다.

이 책 『100년 만에 부部의 기회가 왔다』는 여러분으로 하여금 부의 세계로 들어서는 입구 역할을 할 것입니다. 암호화폐의 탄생배경과 역사, 대표적인 암호화폐의 정리, 블록체인에 대한 이해와 응용, 채굴에 대한 이해와 현실적 접근, 그리고 암호화폐의 발전가능성 등을 여러 전문가의 의견을 참고하여 정리한 책입니다. 이 책을 읽는 독자 여러분의 집안에도 부의 에너지가 깃들기를 기원합니다.

'행복에너지'의 해피 대한민국 프로젝트!
〈모교 책 보내기 운동〉

대한민국의 뿌리, 대한민국의 미래 **청소년·청년**들에게 **책**을 보내주세요.

많은 학교의 도서관이 가난해지고 있습니다. 그만큼 많은 학생들의 마음 또한 가난해지고 있습니다. 학교 도서관에는 색이 바래고 찢어진 책들이 나뒹굽니다. 더럽고 먼지만 앉은 책을 과연 누가 읽고 싶어 할까요?
게임과 스마트폰에 중독된 초·중고생들. 입시의 문턱 앞에서 문제집에만 매달리는 고등학생들. 험난한 취업 준비에 책 읽을 시간조차 없는 대학생들. 아무런 꿈도 없이 정해진 길을 따라서만 가는 젊은이들이 과연 대한민국을 이끌 수 있을까요?

한 권의 책은 한 사람의 인생을 바꾸는 힘을 가지고 있습니다. 한 사람의 인생이 바뀌면 한 나라의 국운이 바뀝니다. **저희 행복에너지에서는 베스트셀러와 각종 기관에서 우수도서로 선정된 도서를 중심으로 〈모교 책 보내기 운동〉을 펼치고 있습니다.** 대한민국의 미래, 젊은이들에게 좋은 책을 보내주십시오. 독자 여러분의 자랑스러운 모교에 보내진 한 권의 책은 더 크게 성장할 대한민국의 발판이 될 것입니다.

도서출판 행복에너지를 성원해주시는 독자 여러분의 많은 관심과 참여 부탁드리겠습니다.

도서출판 행복에너지 임직원 일동

함께 보면 좋은 책들

이민의 나라 호주 - 나의 꿈과 도전

승원홍 지음 | 값 55000원

승원홍 전 호주 시드니한인회 회장의 인생을 담은 이 에세이는 호주 한인들의 지위 향상과 대한민국의 국위 선양을 위해 힘썼던 승원홍 회장의 인생과 함께 지구 반대 편 땅에 정착하여 살아가는 한인들의 50여 년 이민사를 방대한 자료 속에 담아내 고 있는 책이다. 독자들에겐 이 책을 통해 '존경받을 만한 세계시민으로서의 삶'이 무엇인지 느낄 수 있는 기회가 될 것이다.

드림코치의 꿈과 행복

이성희 지음 | 값 17000원

이 책, 『드림코치의 꿈과 행복』은 16년 차에 접어든 재능교육 선생님의 경험과 진 지한 깨달음을 담은 수필집이다. 단순히 학습지를 판매하고 답을 풀이해 주는 선 생님이 아니라, 아이들과 소통하고 교감하며 학교 선생님 이상의 사명감을 가진 교육자로서의 뜨거운 일상을 그려내고 있다. 또한 재능교재 특유의 '스스로 학습 법'이 아이들의 학습에 도움을 주는 과정 역시 상세히 설명하고 있다